Curso

*La diferencia entre aprobar
y sacar plaza*

Celador/a

AF276566

SERVICIO RIOJANO DE SALUD

Si aún no dispones de tu **Curso MAD360**, te ofrecemos un acceso GRATIS de 30 días para que disfrutes de los siguientes recursos:

- Técnicas de Memoria 360.
- MADTEST: Test *online* Nivel PRO.
- Temario en formato digital.
- Vídeos.
- Esquemas.
- Planificación de estudio.
- Foro entre opositores hasta la fecha del examen.*
- Recursos y novedades exclusivas.
- Consúltanos sobre tu oposición y proceso selectivo.
- Actualizaciones legislativas (Boletines Oficiales) hasta 60 días antes de la fecha del examen.*

Para acceder a esta prueba del Curso MAD360** será necesaria la compra de todos los libros para esta especialidad de la edición 2025.

Regístrate en **mad.es/iniciar-sesion** y en la pestaña MIS CURSOS valida los códigos que encuentras en la última página de tus libros.

NOTA IMPORTANTE:

* Examen de esta categoría profesional correspondiente a la convocatoria publicada en el BOR n.º 126, de 3 de junio de 2025, o hasta el 31 de agosto de 2026, lo que se cumpla antes, y previa renovación del servicio.

** El acceso al CURSO MAD360 estará disponible desde agosto de 2025 (algunos recursos podrían estar disponibles en fecha posterior). Tendrá una duración de 30 días RENOVABLES mediante pago, desde la validación de códigos, o hasta el 28 de febrero de 2027, lo que se cumpla antes.

MAD se reserva el derecho a ampliar dichas fechas.

Celador/a del Servicio Riojano de Salud

Septiembre 2025

Celador/a del Servicio Riojano de Salud

Test del temario

EDITORES

Autores

DOMINGO GÓMEZ MARTÍNEZ
Licenciado en Derecho
Técnico de Función Administrativa

FRANCISCO JESÚS TORRES FONSECA
Licenciado en Derecho

JOSÉ LUIS GARRIDO VELA
Licenciado en Derecho

TERESA MARÍA TORRES FONSECA
Licenciada en Derecho

ELENA GARCÍA FERNÁNDEZ
Licenciada en Derecho

M.ª DEL CARMEN SILVA GARCÍA
Diplomada Universitaria en Enfermería
Técnica Especialista de Laboratorio

M.ª JOSÉ GARCÍA BERMEJO
Licenciada en Biología
Técnico Especialista en Laboratorio

© 7 Editores Recursos para la Cualificación Profesional y el Empleo, S.L. (7 Editores)
© Los autores
Primera edición, septiembre 2025 (154 páginas)
Derechos de edición reservados a favor de 7 Editores
IMPRESO EN ESPAÑA
Diseño Portada: 7 Editores
Edita: 7 Editores
Avda. San Francisco Javier, 9 · Edificio Sevilla 2 · Planta 11 · Módulos 25-27 · 41018 Sevilla
Teléfono: 954 784 411 · WEB: www.mad.es · e-mail: administracion@7editores.com
ISBN: 978-84-142-9910-4
© "Editorial Mad" y "Eduforma" son nombres comerciales registrados de
7 Editores Recursos para la Cualificación Profesional y el Empleo, S.L.

Índice

TEST
PARTE GENERAL

TEST N.º 1

La Constitución Española de 1978

1. ¿En qué se fundamenta la Constitución Española?

a) En un Estado social y democrático de Derecho.
b) En la indisoluble unidad de la Nación española.
c) En la independencia de los poderes del Estado.
d) En la organización territorial del Estado.

2. Según el artículo 3 de la CE, el castellano es la lengua oficial del Estado y todos los españoles:

a) Tienen el deber de usar y el derecho de conocer el castellano.
b) Tienen el derecho y el deber de conocer el castellano.
c) Tienen el deber de conocer y el derecho de usar el castellano.
d) Tienen el derecho de conocer y usar el castellano.

3. La Constitución Española reconoce y garantiza el derecho a la autonomía:

a) De las nacionalidades que la integran.
b) De las regiones que la integran.
c) De las Comunidades Autónomas que la integran.
d) De las nacionalidades y regiones que la integran.

4. El Preámbulo de la Constitución:

a) Tiene en sí carácter de norma jurídica.
b) Es una declaración de intenciones, destinada a interpretar lo que se quiere alcanzar con el contenido normativo de la Constitución.
c) Se trata de un texto sin fuerza jurídica de obligar.
d) Las respuestas b) y c) son correctas.

5. Señala la respuesta correcta, respecto de la aprobación, ratificación y publicación de la Constitución Española:

a) Aprobada por las Cortes el 31 de octubre de 1978, ratificada por el pueblo en referéndum el 6 de diciembre de 1978 y publicada el 29 de diciembre de 1978.
b) Aprobada por las Cortes el 30 de octubre de 1978, ratificada por el pueblo en referéndum el 16 de diciembre de 1978 y publicada el 27 de diciembre de 1978.
c) Aprobada por las Cortes el 31 de octubre de 1978, ratificada por el pueblo en referéndum el 16 de diciembre de 1978 y publicada el 29 de diciembre de 1978.
d) Aprobada por las Cortes el 10 de octubre de 1978, ratificada por el pueblo en referéndum el 26 de diciembre de 1978 y publicada el 30 de diciembre de 1978.

6. ¿En qué parte de la Carta Magna se establece la exposición de motivos que impulsan la norma constitucional y los objetivos que con ella se pretenden alcanzar?

a) En el Título Preliminar.
b) En el Preámbulo.
c) En el Título I.
d) En el Título II.

7. La Constitución Española fue sancionada por:

a) El Rey.
b) El Presidente del Congreso.
c) Las Cortes Generales.
d) El Presidente del Gobierno.

8. ¿Cuáles de los siguientes españoles de origen pueden ser privados de su nacionalidad?

a) Exclusivamente los miembros de grupos terroristas.
b) Los miembros de grupos terroristas y los que atenten contra el Rey u otro miembro de la Casa Real.
c) Los que atenten contra un miembro de la Familia Real o del Gobierno de la Nación.
d) Ningún español de origen podrá ser privado de su nacionalidad.

9. Según la CE son fundamentos del orden político y la paz social:

a) La dignidad de la persona, los derechos violables que les son inherentes y el respeto a la ley.
b) La dignidad de la persona, el desarrollo limitado de la personalidad y el respeto a la ley.

c) El respeto a la ley, a los reglamentos administrativos y demás disposiciones legales.

d) La dignidad de la persona, los derechos inviolables que le son inherentes, el libre desarrollo de su personalidad, el respeto a la ley y a los derechos de los demás.

10. ¿Cuál de los siguientes es considerado por la CE como uno de los valores superiores del ordenamiento jurídico?

a) La jerarquía normativa.
b) El pluralismo político.
c) La publicidad normativa.
d) La equidad.

11. Señala la respuesta incorrecta respecto al Tribunal Constitucional:

a) Se organiza a través de las figuras del Presidente, el Pleno, las Salas y las Secciones.

b) El Presidente, será nombrado entre sus miembros por el Rey, a propuesta del mismo Tribunal en Pleno y por un período de tres años.

c) El Pleno lo preside el Presidente del Tribunal y, en su defecto, el Vicepresidente y, a falta de ambos, el Magistrado de mayor edad.

d) La distribución de asuntos entre las Salas del Tribunal se efectuará según un turno establecido por el Pleno a propuesta de su Presidente.

12. Para la adopción de los acuerdos de las Secciones del Tribunal Constitucional, se requerirá:

a) La presencia siempre de sus tres miembros.

b) La presencia de dos miembros, salvo que haya discrepancia, requiriéndose entonces la de sus tres miembros.

c) La presencia de tres miembros, salvo que haya discrepancia, requiriéndose entonces la de sus cinco miembros.

d) La presencia siempre de sus cinco miembros.

13. Señala la respuesta incorrecta respecto a las sentencias del Tribunal Constitucional:

a) Las sentencias y resoluciones del Tribunal Constitucional tendrán la consideración de títulos declarativos.

b) Todos los poderes públicos están obligados al cumplimiento de lo que el Tribunal Constitucional resuelva.

c) Las sentencias del Tribunal Constitucional se publicarán en el Boletín Oficial del Estado con los votos particulares, si los hubiere.

d) Salvo que en el fallo se disponga otra cosa, subsistirá la vigencia de la ley en la parte no afectada por la inconstitucionalidad.

14. ¿Quién nombra a los miembros del Tribunal Constitucional?

a) El Rey.
b) El Presidente del Gobierno.
c) Las Cortes Generales.
d) El Presidente del Tribunal Constitucional.

15. ¿Cuántos de los miembros del Tribunal Constitucional son propuestos por el Consejo General del Poder Judicial?

a) Cuatro.
b) Tres.
c) Dos.
d) Ninguno.

16. La iniciativa económica pública en España:

a) Debe ser subsidiaria de la privada.
b) Se prohíbe al consagrarse la libertad de empresa en el marco de la economía de mercado.
c) Está reconocida por la Constitución.
d) Se ejercerá solo cuando la planificación la imponga.

17. La planificación de la actividad económica se hará a través de:

a) Consenso con las fuerzas sociales.
b) Ley.
c) Decreto del Consejo de Ministros.
d) Todo lo anterior.

18. La creación de un tributo por una Corporación Local:

a) Se permite solo para su ámbito de actuación.
b) Está permitida, sin limitación alguna.
c) No se admite en nuestro ordenamiento jurídico.
d) Nada de lo expuesto es correcto.

19. En virtud del principio de progresividad tributaria:

a) Se implantarán paulatinamente cada vez mayores tributos.
b) Los tipos impositivos serán regresivos.
c) Prima el principio de igualdad en el pago de los tributos.
d) Nada de lo expuesto es cierto.

20. Además de en la vida económica y política, los poderes públicos deben fomentar la participación de los ciudadanos en la vida:

a) Cultural.
b) Social.
c) Corporativa.
d) Las respuestas a) y b) son correctas.

En MADTEST tienes **más preguntas de este tema**, y todos tus avances quedan registrados y se reflejan en el ranking.

¡Supera tus límites con MADTEST!

Solución al test n.º 1

1. b) En la indisoluble unidad de la Nación española.

2. c) Tienen el deber de conocer y el derecho de usar el castellano.

3. d) De las nacionalidades y regiones que la integran.

4. d) Las respuestas b) y c) son correctas.

5. a) Aprobada por las Cortes el 31 de octubre de 1978, ratificada por el pueblo en referéndum el 6 de diciembre de 1978 y publicada el 29 de diciembre de 1978.

6. b) En el Preámbulo.

7. a) El Rey.

8. d) Ningún español de origen podrá ser privado de su nacionalidad.

9. d) La dignidad de la persona, los derechos inviolables que le son inherentes, el libre desarrollo de su personalidad, el respeto a la ley y a los derechos de los demás.

10. b) El pluralismo político.

11. c) El Pleno lo preside el Presidente del Tribunal y, en su defecto, el Vicepresidente y, a falta de ambos, el Magistrado de mayor edad.

12. b) La presencia de dos miembros, salvo que haya discrepancia, requiriéndose entonces la de sus tres miembros.

13. a) Las sentencias y resoluciones del Tribunal Constitucional tendrán la consideración de títulos declarativos.

14. a) El Rey.

15. c) Dos.

16. c) Está reconocida por la Constitución.

17. b) Ley.

18. c) No se admite en nuestro ordenamiento jurídico.

19. d) Nada de lo expuesto es cierto.

20. d) Las respuestas a) y b) son correctas.

TEST N.º 2

El Estatuto de Autonomía de La Rioja

1. ¿Mediante que Ley Orgánica fue inicialmente aprobado el Estatuto de la Comunidad Autónoma de La Rioja?

a) Ley Orgánica 2/1983, de 9 de junio.
b) Ley Orgánica 3/1982, de 9 de junio.
c) Ley Orgánica 2/1985, de 9 de junio.
d) Ley Orgánica 2/1982, de 9 de junio.

2. El vigente Estatuto de Autonomía de La Rioja se estructura en:

a) 58 artículos, 4 Disposiciones Adicionales y 12 Disposiciones Transitorias.
b) 56 artículos, 4 Disposiciones Adicionales y 12 Disposiciones Transitorias.
c) 56 artículos, 14 Disposiciones Adicionales y 12 Disposiciones Transitorias.
d) 58 artículos, 14 Disposiciones Adicionales y 12 Disposiciones Transitorias.

3. El Título III de Estatuto trata de:

a) De la financiación de la Comunidad.
b) De la reforma del Estatuto.
c) De la Administración y el Régimen Jurídico.
d) De las competencias de la Comunidad Autónoma.

4. ¿Cuál de las siguientes no es una competencia exclusiva de la Comunidad Autónoma de La Rioja?

a) La ordenación del territorio, urbanismo y vivienda.
b) Asistencia y servicios sociales.
c) Tratamiento especial de las zonas de montaña.
d) Sanidad e higiene.

5. ¿En cuál de las siguientes materias no ostenta competencia de legislativa y ejecución la Comunidad Autónoma de La Rioja?

a) Ordenación farmacéutica.
b) Régimen local.
c) Pesca fluvial y lacustre, acuicultura y caza.
d) Régimen minero y energético.

6. ¿Qué regula la Ley 3/2001, de 31 de mayo?

a) El Parlamento de La Rioja.
b) El Gobierno y la Administración Pública de La Rioja.
c) El Defensor del Pueblo riojano.
d) El Consejo Consultivo de La Rioja.

7. La Ley que regula el Defensor del Pueblo riojano, ¿cuál es?

a) Ley 8/2003, de 28 de octubre.
b) Ley 3/1995, de 8 de marzo.
c) Ley 6/2006, de 2 de mayo.
d) Ley 4/2005, de 1 de junio.

8. ¿De qué año es el Reglamento Orgánico y Funcional del Consejo Consultivo de La Rioja?

a) 2006.
b) 2004.
c) 2003.
d) 2002.

9. ¿A través de qué norma se regulan las incompatibilidades de los miembros del Gobierno?

a) Ley.
b) Decreto.
c) Resolución.
d) Reglamento.

10. ¿Quién nombra al Presidente del Tribunal Superior de Justicia de La Rioja?

a) El Presidente de La Rioja, a propuesta del Rey.
b) El Rey a propuesta del Consejo General del Poder Judicial.
c) El Consejo General del Poder Judicial a propuesta del Gobierno de La Rioja.
d) El Rey a propuesta del Gobierno de La Rioja.

11. La Administración Pública y de Justicia, ¿en qué título del Estatuto de Autonomía riojano se regula?

a) Título II.
b) Título III.
c) Título IV.
d) Título V.

12. ¿Qué regula la Ley 4/2005, de 1 de junio?

a) El Gobierno y las Incompatibilidades de sus miembros.
b) El Defensor del Pueblo.
c) El Régimen Jurídico del Gobierno y la Administración Pública de la Comunidad Autónoma de La Rioja.
d) El Funcionamiento y Régimen Jurídico de la Administración de la Comunidad Autónoma de La Rioja.

13. La composición y las funciones del Consejo Consultivo de La Rioja deben regularse por:

a) Decreto.
b) Ley.
c) Resolución.
d) Ninguna es correcta.

14. ¿Qué órgano ejerce el control de constitucionalidad, al que están sometidas las leyes de la Comunidad Autónoma de La Rioja?

a) El Tribunal Superior de Justicia de La Rioja.
b) El Parlamento de La Rioja.
c) El Tribunal Constitucional.
d) El Tribunal Supremo.

15. Las normas reglamentarias y los actos y acuerdos emanados de los órganos ejecutivos y administrativos de la Comunidad Autónoma de La Rioja, serán recurribles ante, ¿qué jurisdicción?

a) La jurisdicción contencioso-administrativa.
b) La jurisdicción penal.
c) La jurisdicción civil.
d) La jurisdicción social.

16. Señala la respuesta incorrecta. No es una función propia del Parlamento de La Rioja:

a) El desarrollo de la legislación del Estado en aquellas materias que así le corresponda.
b) Interponer recursos ante el Tribunal Constitucional y personarse ante el mismo en las actuaciones en que así proceda.

c) Elegir al Presidente del Tribunal Superior de Justicia de La Rioja.

d) Ejercer, en general, cuantas competencias le sean atribuidas por la Constitución, por el Estatuto y por las Leyes del Estado y de La Rioja.

17. El Parlamento estará integrado por:

a) Un mínimo de 30 y un máximo de 40 Diputados.
b) Un mínimo de 32 y un máximo de 40 Diputados.
c) Un mínimo de 30 y un máximo de 42 Diputados.
d) Un mínimo de 32 y un máximo de 42 Diputados.

18. El Parlamento se reunirá anualmente en 2 períodos ordinario de sesiones:

a) El primero, de septiembre a diciembre, y el segundo, de febrero a junio.
b) El primero, de enero a junio, y el segundo, de septiembre a diciembre.
c) El primero, de febrero a junio, y el segundo, de septiembre a diciembre.
d) El primero, de septiembre a diciembre, y el segundo, de enero a junio.

19. El Gobierno está integrado por:

a) Presidente de la Comunidad Autónoma, el Vicepresidente y los Vicepresidentes.
b) Presidente de la Comunidad Autónoma, el Vicepresidente o Vicepresidentes, en su caso, y los Consejeros.
c) Presidente de la Comunidad Autónoma, el Vicepresidente o Vicepresidentes, en su caso, y los Ministros.
d) Presidente de la Comunidad Autónoma y los Consejeros.

20. Señala la respuesta incorrecta. En el ejercicio de sus competencias, la Administración de la Comunidad Autónoma de La Rioja gozará de las potestades y prerrogativas propias de la Administración del Estado, entre las que se encuentran:

a) Potestad expropiatoria y de investigación, deslinde y recuperación de oficio en materia de bienes.
b) Potestad de sanción dentro de los límites que establezca la Ley y las disposiciones que la desarrollen.
c) Facultad de utilizar el procedimiento de apremio.
d) Facultad de control del Parlamento de la Comunidad.

En MADTEST tienes **más preguntas de este tema**, y todos tus avances quedan registrados y se reflejan en el ranking.

¡Supera tus límites con MADTEST!

Solución al test n.º 2

1. b) Ley Orgánica 3/1982, de 9 de junio.

2. a) 58 artículos, 4 Disposiciones Adicionales y 12 Disposiciones Transitorias.

3. c) De la Administración y el Régimen Jurídico.

4. d) Sanidad e higiene.

5. c) Pesca fluvial y lacustre, acuicultura y caza.

6. d) El Consejo Consultivo de La Rioja.

7. c) Ley 6/2006, de 2 de mayo.

8. d) 2002.

9. a) Ley.

10. b) El Rey a propuesta del Consejo General del Poder Judicial.

11. b) Título III.

12. d) El Funcionamiento y Régimen Jurídico de la Administración de la Comunidad Autónoma de La Rioja.

13. b) Ley.

14. c) El Tribunal Constitucional.

15. a) La jurisdicción contencioso-administrativa.

16. c) Elegir al Presidente del Tribunal Superior de Justicia de La Rioja.

17. b) Un mínimo de 32 y un máximo de 40 Diputados.

18. a) El primero, de septiembre a diciembre, y el segundo, de febrero a junio.

19. b) Presidente de la Comunidad Autónoma, el Vicepresidente o Vicepresidentes, en su caso, y los Consejeros.

20. d) Facultad de control del Parlamento de la Comunidad.

TEST N.º 3

Ley 14/1986, de 25 de abril, General de Sanidad

1. ¿Qué norma regula los aspectos básicos de las profesiones sanitarias tituladas en lo que se refiere a su ejercicio por cuenta propia o ajena?

a) La Ley 41/2002, de 14 de noviembre.
b) La Ley 16/2003, de 28 de mayo.
c) La Ley 44/2003, de 21 de noviembre.
d) La Ley 15/1997, de 25 de abril.

2. ¿De cuántos artículos consta la Ley 14/1986 de 25 de abril, General de Sanidad?

a) 109.
b) 111.
c) 113.
d) 116.

3. La Ley 14/1986 de 25 de abril, General de Sanidad, se estructura en:

a) Un Título Preliminar, siete Títulos, diez Disposiciones Adicionales, seis Disposiciones Transitorias, dos Disposiciones Derogatorias y dieciséis Disposiciones Finales.
b) Un Título Preliminar, seis Títulos, diez Disposiciones Adicionales, siete Disposiciones Transitorias, dos Disposiciones Derogatorias y dieciséis Disposiciones Finales.
c) Un Título Preliminar, siete Títulos, diez Disposiciones Adicionales, siete Disposiciones Transitorias, tres Disposiciones Derogatorias y dieciséis Disposiciones Finales.
d) Un Título Preliminar, siete Títulos, diez Disposiciones Adicionales, seis Disposiciones Transitorias, tres Disposiciones Derogatorias y dieciséis Disposiciones Finales.

4. ¿Qué artículo de nuestra Carta Magna proclama que "corresponde a los poderes públicos promover las condiciones para que la libertad y la igualdad del individuo y de los grupos en que se integra sean reales y efectivas?

a) El art. 9.1.
b) El art. 9.2.

c) El art. 43.1.
d) El art. 43.3.

5. La Ley 14/1986, de 25 de abril, General de Sanidad, establece que las piezas básicas de los Servicios de Salud de las Comunidades Autónomas son:

a) Las Áreas de Salud.
b) Los Distritos Sanitarios.
c) Las Comarcas Sanitarias.
d) Las Zonas de Salud.

6. La Ley 14/1986, de 25 de abril, General de Sanidad, tiene como objeto la regulación general de todas las acciones que permitan hacer efectivo el derecho a la protección de la salud reconocido en el artículo:

a) 15 de la Constitución Española.
b) 19 de la Constitución Española.
c) 33 de la Constitución Española.
d) 43 de la Constitución Española.

7. Las funciones de Alta Inspección se ejercerán:

a) Por los órganos del Estado competentes en materia de sanidad.
b) Por los órganos de las Comunidades Autónomas competentes en materia de sanidad.
c) Por los órganos de las Corporaciones Locales competentes en materia de sanidad.
d) Todas las respuestas son correctas.

8. Los funcionarios de la Administración del Estado que ejerzan la Alta Inspección gozarán, a todos los efectos, de las consideraciones de:

a) Agentes de la autoridad.
b) Autoridad pública.
c) Policía.
d) Delegados de la Autoridad.

9. Cuando, como consecuencia del ejercicio de las funciones de Alta Inspección, se compruebe incumplimientos por parte de la Comunidad Autónoma, las autoridades sanitarias del Estado le advertirán de esta circunstancia a través de:

a) El Consejo de Estado.
b) El Ministro de Sanidad, Servicios Sociales e Igualdad.
c) El Delegado del Gobierno.
d) El Consejo Interterritorial del Sistema Nacional de Salud.

10. ¿Con qué periodicidad presentará la Alta Inspección del Sistema Nacional de Salud una memoria sobre el funcionamiento del sistema ante el Consejo Interterritorial del Sistema Nacional de Salud para su debate?

a) Cada dos años.
b) Anualmente.
c) Semestralmente.
d) Trimestralmente.

11. Las Áreas de Salud se delimitan teniendo en cuenta factores:

a) Climatológicos y de dotación de vías y medios de comunicación.
b) Geográficos y demográficos.
c) Socioeconómicos y culturales.
d) Todas las respuestas son correctas.

12. Como regla general el área de salud extenderá su acción a una población:

a) No inferior a 100.000 habitantes ni superior a 150.000.
b) No inferior a 200.000 habitantes ni superior a 250.000.
c) No inferior a 250.000 habitantes ni superior a 300.000.
d) No inferior a 300.000 habitantes ni superior a 500.000.

13. ¿Qué Comunidades Autónomas y/o Ciudades Autónomas se exceptúan de la regla que hemos visto en la pregunta anterior, pudiéndose acomodar a sus específicas peculiaridades?

a) Baleares, Ceuta y Melilla.
b) Baleares y Canarias.
c) Canarias, Ceuta y Melilla.
d) Baleares, Canarias, Ceuta y Melilla.

14. Según dispone al artículo 56.5 LGS, cada provincia tendrá, en todo caso y como mínimo:

a) Un área de salud.
b) Dos áreas de salud.
c) Tres áreas de salud.
d) Cuatro áreas de salud.

15. ¿Cómo se denomina el órgano de participación de las Áreas de Salud?

a) Consejo de salud de área.
b) Consejo de dirección de área.

c) Comisión de salud del área.

d) Comité de Participación del Área de Salud.

16. Los Consejos de salud de área estarán constituidos por:

a) Las organizaciones sindicales más representativas, en una proporción no inferior al 50 %, a través de los profesionales sanitarios titulados.

b) La representación de los ciudadanos a través de las Corporaciones Locales comprendidas en su demarcación, que supondrá el 25 % de sus miembros.

c) La Administración sanitaria del área de salud.

d) Todas las respuestas son correctas.

17. ¿A quién le corresponde la aprobación del proyecto del Plan de Salud del área, dentro de las normas, directrices y programas generales establecidos por la Comunidad Autónoma?

a) Al Consejo de Salud de área.

b) Al Consejo de Dirección de área.

c) Al Gerente de área.

d) Al Consejo Interterritorial del Sistema Nacional de Salud.

18. Señala la respuesta incorrecta:

a) Al Consejo de dirección del área de salud corresponde formular las directrices en política de salud y controlar la gestión del área, dentro de las normas y programas generales establecidos por la Administración autonómica.

b) Los Consejos de salud de área son órganos colegiados de participación comunitaria para la consulta y el seguimiento de la gestión, en los que participaran las organizaciones empresariales y sindicales.

c) El Gerente del área de salud es el órgano de gestión de la misma y podrá, previa convocatoria, asistir con voz y voto, a las reuniones del Consejo de dirección.

d) El centro de salud sirve como centro de reunión entre la comunidad y los profesionales sanitarios.

19. El Gerente del área de salud será nombrado y cesado por la dirección del servicio de salud de la Comunidad Autónoma, a propuesta de:

a) El Consejo de dirección del área.

b) El Consejo de salud del área.

c) La Consejería de Sanidad de la Comunidad Autónoma.

d) El Consejo de Gerencia de la zona.

20. ¿A quién corresponde, conforme al art. 60.3 LGS, presentar los anteproyectos del Plan de Salud y de sus adaptaciones anuales así como el proyecto de memoria anual del área de salud?

a) Al Consejo de salud del área.
b) Al Consejo de dirección del área.
c) Al Gerente del área de salud.
d) A las Consejerías de Sanidad de las Comunidades Autónomas.

En MADTEST tienes **más preguntas de este tema**, y todos tus avances quedan registrados y se reflejan en el ranking.

¡Supera tus límites con MADTEST!

Solución al test n.º 3

1. c) La Ley 44/2003, de 21 de noviembre.

2. d) 116.

3. a) Un Título Preliminar, siete Títulos, diez Disposiciones Adicionales, seis Disposiciones Transitorias, dos Disposiciones Derogatorias y dieciséis Disposiciones Finales.

4. b) El art. 9.2.

5. a) Las Áreas de Salud.

6. d) 43 de la Constitución Española.

7. a) Por los órganos del Estado competentes en materia de sanidad.

8. b) Autoridad pública.

9. c) El Delegado del Gobierno.

10. b) Anualmente.

11. d) Todas las respuestas son correctas.

12. b) No inferior a 200.000 habitantes ni superior a 250.000.

13. d) Baleares, Canarias, Ceuta y Melilla.

14. a) Un área de salud.

15. a) Consejo de salud de área.

16. c) La Administración sanitaria del área de salud.

17. b) Al Consejo de Dirección de área.

18. c) El Gerente del área de salud es el órgano de gestión de la misma y podrá, previa convocatoria, asistir con voz y voto, a las reuniones del Consejo de dirección.

19. a) El Consejo de dirección del área.

20. c) Al Gerente del área de salud.

TEST N.º 4

Ley 2/2002, de 17 de abril, de Salud de La Rioja

1. ¿En cuántos títulos se divide la Ley de Salud de La Rioja?

a) En ocho.
b) En diez.
c) En once.
d) En doce.

2. Señala cuál de los siguientes no constituye un principio orientador establecido en la Ley de Salud de La Rioja:

a) Centralización y responsabilidad en la gestión de los servicios.
b) Integración funcional de los recursos sanitarios públicos.
c) Universalización de la atención sanitaria.
d) Eficacia, efectividad, eficiencia y flexibilidad de la organización sanitaria.

3. ¿Está sujeto a alguna forma el consentimiento informado según la Ley de Salud de La Rioja?

a) No, en ningún caso.
b) No, salvo en algunos casos.
c) Sí, siempre deberá formalizarse por escrito.
d) Sí, sólo en caso de intervenciones quirúrgicas por riesgo grave.

4. ¿Cuál de los siguientes es un derecho relacionado con la promoción y protección de la salud y la prevención de la enfermedad?

a) El derecho a consumir alimentos seguros y a disponer de agua potable.
b) El derecho a recibir prestaciones preventivas dentro del marco de la consulta habitual bajo la responsabilidad de los profesionales.
c) El derecho a obtener medicamentos y productos sanitarios para la salud en los términos que establece la legislación que resulte aplicable.
d) Son correctas a) y b).

5. ¿Cuál es el órgano que tiene como objeto principal el intermediar en los conflictos que planteen los ciudadanos como usuarios del Sistema Público de Salud de La Rioja?

a) El Gerente del Servicio Riojano de Salud.
b) El Consejero de Salud.
c) El Defensor del Usuario.
d) El Consejo Riojano de Salud.

6. ¿Cuáles son los ámbitos de actuación en que se ordenan funcionalmente los servicios sanitarios de la Comunidad Autónoma de La Rioja?

a) Salud Pública, Salud Laboral y Asistencia Sanitaria.
b) Salud Pública, Salud Privada y Salud Laboral.
c) Salud Pública, Asistencia Primaria y Atención Especializada.
d) Ninguna es correcta.

7. Los Consejos de Salud de Área estarán adscritos a:

a) El Consejo de Administración del Servicio Riojano de Salud.
b) El Consejo de Salud de Zona.
c) El Consejo Riojano de Salud.
d) La Gerencia del Servicio Riojano de Salud.

8. Conforme a la Ley de Salud de La Rioja, tienen el carácter de Autoridad Sanitaria:

a) El titular de la Consejería de Salud.
b) Los Alcaldes.
c) El Gobierno de La Rioja.
d) Todos los anteriores tienen el carácter de Autoridad Sanitaria.

9. El Servicio Riojano de Salud es:

a) Un organismo público laboral.
b) Un organismo autónomo administrativo.
c) Una entidad privada de provisión, gestión y administración de la asistencia sanitaria pública.
d) Una entidad pública empresarial adscrita a la Consejería de Salud.

10. ¿Qué órgano elabora la Memoria Anual del Servicio Riojano de Salud?

a) El Presidente.
b) El Vicepresidente.
c) El Gerente.
d) El Consejo de Administración.

11. Será competente para resolver los procedimientos de revisión de oficio de los actos administrativos nulos dictados por el Presidente del Servicio Riojano de Salud:

a) El Consejo de Gobierno.
b) El titular de la Consejería de Salud.
c) El Consejo Riojano de Salud.
d) El Consejo de Administración del Servicio Riojano de Salud.

12. ¿Cuántos vocales, en representación de los municipios, integrarán el Consejo de Administración del Servicio Riojano de Salud?

a) Uno.
b) Dos.
c) Tres.
d) Cuatro.

13. El presupuesto del Servicio Riojano de Salud se elaborará de acuerdo con los objetivos previstos en:

a) La Ley de Presupuestos de la Comunidad Autónoma de La Rioja.
b) El Plan de Salud de La Rioja.
c) La Ley 3/2003, de 3 de marzo, de organización del Sector Público de la Comunidad Autónoma de La Rioja.
d) El régimen de contabilidad pública establecido para la Administración de la Comunidad Autónoma de La Rioja.

14. ¿Qué son los conciertos sanitarios?

a) Son los suscritos entre la administración sanitaria y las entidades privadas titulares de centros y/o servicios sanitarios.
b) Son los suscritos entre la administración sanitaria y entidades privadas titulares de centros hospitalarios, para la vinculación de los mismos al Sistema Público de Salud de La Rioja.
c) Son los suscritos entre la administración sanitaria y las entidades públicas titulares de centros y/o servicios sanitarios.
d) Son los suscritos entre la administración sanitaria y las Empresas y Asociaciones empresariales autorizadas para la colaboración en la asistencia sanitaria o sociosanitaria.

15. Los órganos colegiados de participación ciudadana consultivos y de asesoramiento en el ámbito de las Zonas Básicas de Salud, son:

a) Los Consejos Territoriales de Salud.
b) Los Centros de Salud.
c) Los Consejos de Salud de Zona.
d) Los Consejos de Salud de Área.

16. Según la Ley de Salud de La Rioja, tienen el carácter de entidades colaboradoras de la gestión sanitaria:

a) Los seguros libres de accidentes de tráfico.
b) Las Mutuas de Accidentes de Trabajo y Enfermedades Profesionales.
c) Los regímenes de asistencia sanitaria de los funcionarios públicos.
d) Todas son correctas.

17. El personal del Servicio Riojano de Salud estará formado por:

a) El personal estatutario que ha sido transferido a la Comunidad Autónoma de La Rioja para el desempeño de las funciones y servicios del Instituto Nacional de la Salud.
b) El personal funcionario de la Administración de la Comunidad Autónoma de La Rioja que preste sus servicios en el ámbito sanitario y que se le adscriba.
c) El personal laboral de la Administración de la Comunidad Autónoma de La Rioja que preste sus servicios en el ámbito sanitario y que se le adscriba.
d) Todos los anteriores son correctos.

18. ¿Cómo se denomina el Título VI de la Ley de Salud de La Rioja?

a) De la financiación del Sistema Público de Salud de La Rioja.
b) De las competencias de las Administraciones Públicas.
c) Del Sistema Público de Salud de La Rioja.
d) De los órganos de participación comunitaria.

19. ¿En cuántas Áreas de Salud se organiza el Sistema Público de Salud de La Rioja?

a) En cinco.
b) En una.
c) En tres.
d) En dos.

20. Indica cuáles de los siguientes no son órganos de dirección del Área de Salud de La Rioja:

a) Directores de Área.
b) Subdirectores de Área.
c) Director Gerente de Área.
d) Directores de Zona.

En MADTEST tienes **más preguntas de este tema**, y todos tus avances quedan registrados y se reflejan en el ranking.

¡Supera tus límites con MADTEST!

Solución al test n.º 4

1. c) En once.

2. a) Centralización y responsabilidad en la gestión de los servicios.

3. b) No, salvo en algunos casos.

4. d) Son correctas a) y b).

5. c) El Defensor del Usuario.

6. a) Salud Pública, Salud Laboral y Asistencia Sanitaria.

7. c) El Consejo Riojano de Salud.

8. d) Todos los anteriores tienen el carácter de Autoridad Sanitaria.

9. b) Un organismo autónomo administrativo.

10. c) El Gerente.

11. a) El Consejo de Gobierno.

12. b) Dos.

13. b) El Plan de Salud de La Rioja.

14. a) Son los suscritos entre la administración sanitaria y las entidades privadas titulares de centros y/o servicios sanitarios.

15. c) Los Consejos de Salud de Zona.

16. d) Todas son correctas.

17. d) Todos los anteriores son correctos.

18. b) De las competencias de las Administraciones Públicas.

19. b) En una.

20. d) Directores de Zona.

TEST N.º 5

Ley 41/2002, de 14 de Noviembre, Básica Reguladora de la Autonomía del Paciente y de Derechos y Obligaciones en Materia de Información y Documentación Clínica

1. La Ley de Autonomía del Paciente establece la obligatoriedad de obtener el consentimiento informado del paciente:

a) Sólo en los casos de intervención quirúrgica.

b) Sólo en los casos de aplicación de procedimientos que supongan grandes riesgos o inconvenientes de notoria repercusión negativa sobre su salud.

c) Para toda actuación en el ámbito de su salud.

d) La Ley no establece esta obligación.

2. Tal y como establece la Ley 41/2002, de Autonomía del Paciente, en caso de que el paciente no acepte el tratamiento se le propondrá que firme el alta voluntaria y si no la firma la Dirección del Centro:

a) Puede disponer el alta forzosa.

b) Firmará en su nombre el alta involuntaria.

c) Mantendrá el ingreso por periodo mínimo de cinco días naturales.

d) No está reconocida la negativa al tratamiento de los pacientes.

3. El derecho del paciente a no ser informado:

a) No está reconocido por la ley.

b) Podrá restringirse en cualquier momento.

c) Podrá restringirse cuando sea estrictamente necesario en beneficio del paciente.

d) Sólo podrá ejercitarse si el paciente designa a un familiar o a otra persona a la que se le facilite la información.

4. El reconocimiento legal de que se respeten los deseos expresados anteriormente en el documento de *instrucciones previas* es una manifestación del derecho:

a) A la información sanitaria.

b) A la segunda opinión.

c) A la autonomía del paciente.

d) A la información post-mortem.

5. Indica la proposición incorrecta en relación con los requisitos del consentimiento:

a) Debe ser libre.

b) Debe ser voluntario.

c) La decisión de consentir debe anteceder a una información adecuada.

d) La persona que lo presta debe tener capacidad para conocer, comprender y querer el alcance de su decisión.

6. La Ley 41/2002, de Autonomía del paciente, establece que, como regla general, el consentimiento se manifestará en forma:

a) Verbal.

b) Escrita.

c) Documental.

d) Ante testigos.

7. Según establece la Ley 41/2002, de Autonomía del Paciente, el paciente o usuario tiene derecho a decidir libremente entre las opciones clínicas disponibles después de recibir:

a) Información completa.

b) Información adecuada.

c) Información documental.

d) Información escrita.

8. La renuncia del paciente a recibir información:

a) No se reconoce por la ley.

b) Está limitada por el interés de la salud del propio paciente.

c) No está limitada por el interés de la salud de terceros.

d) Ninguna de las anteriores es correcta.

9. Uno de los fundamentos éticos del consentimiento informado es el principio de *autonomía*. En aplicación del mismo el profesional sanitario tiene el deber de:

a) Evitar el mal del paciente.

b) Hacer el bien al paciente.

c) Respetar la libre determinación del paciente.

d) Actuar sin discriminación.

10. Según establece la Ley 41/2002, de Autonomía del paciente, ha de constar siempre por escrito:

a) La información al paciente.
b) El consentimiento informado.
c) La aceptación del tratamiento.
d) La negativa al tratamiento.

11. En la legislación sanitaria española, el consentimiento escrito del paciente:

a) Es una exigencia legal.
b) Es conveniente.
c) Es obligatorio en determinados supuestos.
d) No es necesario.

12. Según establece la Ley de Autonomía del Paciente, el consentimiento se prestará por escrito en el caso de:

a) Realización de una actuación sanitaria en el paciente.
b) Aplicación en el paciente de un procedimiento no invasor.
c) Intervención quirúrgica.
d) Aplicación de procedimientos de imprevisible repercusión negativa sobre la salud del paciente.

13. Para que un paciente o usuario otorgue válidamente su consentimiento a un tratamiento, el facultativo le ha de transmitir previamente:

a) Información escrita.
b) Información total y comprensible.
c) Información adecuada, comprensible y razonable.
d) Confianza.

14. La firma de un paciente analfabeto plasmada en el «documento formulario de consentimiento informado» con carácter previo a su intervención quirúrgica:

a) Significa que el paciente ha sido informado adecuadamente.
b) No tiene ninguna validez.
c) No tiene valor en sí misma, lo que no significa que no se pueda acreditar que ha existido información y ha consentido libremente.
d) Tendrá validez si incorpora una diligencia del facultativo indicando la condición del paciente.

15. En relación con el Documento de Consentimiento Informado:

a) Existe un formato unificado en el Sistema Nacional de Salud.
b) Cada Área Sanitaria fijará el suyo.

c) Las Administraciones Sanitarias, Servicios Sanitarios, Sociedades Científicas, Centros Hospitalarios, etc., fijan el que consideran más adecuado en el ámbito de sus competencias.

d) Es cierta la c), siempre que contenga tres partes: Preámbulo, Cuerpo y Aceptación.

16. Al respecto de la parte del Documento de Consentimiento Informado denominado *Aceptación*, señale la respuesta falsa:

a) Recoge la manifestación de conformidad del usuario de acogerse a la intervención o el procedimiento, debiendo suscribirla inexcusablemente con su firma.

b) Firmarán siempre el facultativo y los testigos o representantes que, en su caso, procedan.

c) En ella el usuario manifiesta que ha sido informado por el facultativo y que ha entendido lo que éste le ha dicho.

d) En ella el usuario manifiesta que ha sido informado por el facultativo y que consiente en acogerse a la actuación médica propuesta.

17. ¿Qué parte del Documento de Consentimiento Informado escrito contiene la información sobre procesos alternativos para llevar a cabo el diagnóstico o el tratamiento?

a) El Preámbulo.

b) La Aceptación.

c) El reverso.

d) El Cuerpo.

18. Según determina la Ley 41/2002, el paciente tiene derecho a recibir un informe de alta:

a) Sólo si ha existido ingreso hospitalario.

b) A la finalización del proceso asistencial.

c) En cuyo contenido mínimo habrán de figurar, entre otros, datos de información sanitaria epidemiológica.

d) Previa solicitud.

19. Existen supuestos legales en los que los facultativos pueden llevar a cabo las intervenciones clínicas indispensables en favor de la salud del paciente sin necesidad de contar con su consentimiento ni el de sus representantes o familiares. Uno de ellos es:

a) Cuando el paciente esté incapacitado legalmente.

b) Cuando existe riesgo para la salud pública según determinen las autoridades sanitarias.

c) En caso de riesgo inmediato grave para la integridad física de otro paciente.

d) Cuando el paciente no sea capaz de tomar decisiones.

20. La toma en consideración de los deseos expresados anteriormente con respecto a una actuación médica en su persona por un paciente que en el momento de la intervención no se encuentra en situación de expresar su voluntad se conoce como:

a) Consentimiento.
b) Testamento vital.
c) Eutanasia activa.
d) Eutanasia pasiva.

En MADTEST tienes **más preguntas de este tema**, y todos tus avances quedan registrados y se reflejan en el ranking.

¡Supera tus límites con MADTEST!

Solución al test n.º 5

1. c) Para toda actuación en el ámbito de su salud.

2. a) Puede disponer el alta forzosa.

3. c) Podrá restringirse cuando sea estrictamente necesario en beneficio del paciente.

4. c) A la autonomía del paciente.

5. c) La decisión de consentir debe anteceder a una información adecuada.

6. a) Verbal.

7. b) Información adecuada.

8. b) Está limitada por el interés de la salud del propio paciente.

9. c) Respetar la libre determinación del paciente.

10. d) La negativa al tratamiento.

11. c) Es obligatorio en determinados supuestos.

12. c) Intervención quirúrgica.

13. c) Información adecuada, comprensible y razonable.

14. c) No tiene valor en sí misma, lo que no significa que no se pueda acreditar que ha existido información y ha consentido libremente.

15. d) Es cierta la c), siempre que contenga tres partes: Preámbulo, Cuerpo y Aceptación.

16. a) Recoge la manifestación de conformidad del usuario de acogerse a la intervención o el procedimiento, debiendo suscribirla inexcusablemente con su firma.

17. d) El Cuerpo.

18. b) A la finalización del proceso asistencial.

19. b) Cuando existe riesgo para la salud pública según determinen las autoridades sanitarias.

20. b) Testamento vital.

TEST N.º 6

Ley 55/2003, de 16 de diciembre, del Estatuto Marco del Personal Estatutario de los Servicios de Salud

1. Según establece el art. 8 de la Ley 55/2003, de 16 de diciembre, del Estatuto Marco de los Servicios de Salud, es personal estatutario fijo:

a) El que una vez superado el correspondiente proceso selectivo, obtiene un nombramiento para el desempeño, con carácter permanente, de las funciones que de tal nombramiento se deriven.

b) Todo el personal al servicio de los Servicios de Salud.

c) El personal que realice una prestación de servicios determinados de naturaleza temporal, coyuntural o extraordinaria.

d) El personal en posesión de un contrato laboral indefinido.

2. Conforme al artículo 9.1 del Estatuto Marco (en redacción dada por el Real Decreto-ley 12/2022, de 5 de julio, por el que se modifica la Ley 55/2003, de 16 de diciembre, del Estatuto Marco del personal estatutario de los servicios de salud) los nombramientos del Personal Estatutario Temporal de los Servicios de Salud serán:

a) Únicamente de Personal Estatutario Sanitario.

b) Personal Estatutario Contratado.

c) De interinidad.

d) Como Personal Laboral.

3. En el supuesto de existencia de plaza vacante, son estatutarios interinos los que, por razones expresamente justificadas de necesidad y urgencia, son nombrados como tales con carácter temporal para el desempeño de funciones propias de estatutarios, cuando no sea posible su cobertura por personal estatutario fijo, durante un plazo máximo de:

a) Dos años.

b) Tres años.

c) Cuatros años.

d) Seis años.

4. Podrá concurrir a las pruebas selectivas, por el sistema de promoción interna, el personal estatutario fijo que se encuentre en servicio activo y con nombramiento como personal estatutario fijo, en la categoría de procedencia, durante al menos:

a) 2 años.
b) 3 años.
c) 4 años.
d) 5 años.

5. Quienes no acrediten, una vez superado el proceso selectivo, que reúnen los requisitos y condiciones exigidos en la convocatoria:

a) No podrán ser nombrados hasta que subsanen el defecto.
b) No podrán ser nombrados, y quedarán sin efecto sus actuaciones.
c) Podrán ser nombrados de forma condicional.
d) Una vez superado el proceso selectivo, se entiende que reúne los requisitos exigidos, salvo prueba en contrario.

6. Según el Estatuto Marco, la selección de personal estatutario fijo se efectuará con carácter general a través del sistema de:

a) Oposición.
b) Concurso-oposición.
c) Concurso.
d) Pruebas selectivas.

7. El personal estatutario de los servicios de salud tiene el deber de:

a) Participar en la elaboración de los convenios colectivos.
b) Realizar sus funciones fuera del horario y jornada habitual.
c) Realizar actividades sindicales.
d) Respetar la Constitución, el Estatuto de Autonomía correspondiente y el resto del ordenamiento jurídico.

8. Según el Estatuto Marco, siempre que la duración de la jornada exceda de seis horas continuadas, deberá establecerse un periodo de descanso durante la misma de al menos:

a) 10 minutos.
b) 15 minutos.
c) 20 minutos.
d) 30 minutos.

9. El funcionario sancionado con la separación del servicio no podrá concurrir a las pruebas de selección para la obtención de la condición de personal estatutario fijo, ni prestar servicios como personal estatutario temporal, durante:

a) Los 6 años siguientes.
b) Los 5 años siguientes.
c) Los 10 años siguientes.
d) La separación del servicio es definitiva.

10. Las sanciones disciplinarias firmes que se impongan al personal estatutario se anotarán en su expediente personal. Las anotaciones por sanciones impuestas por faltas leves se cancelarán de oficio, desde el cumplimiento de la sanción, a:

a) Los 3 meses.
b) Los 6 meses.
c) El año.
d) Los 2 años.

11. Es una retribución básica del personal estatutario:

a) El complemento de destino.
b) El complemento de carrera.
c) Las pagas extraordinarias.
d) El complemento de productividad.

12. La especial dificultad técnica, dedicación, responsabilidad, incompatibilidad, peligrosidad o penosidad de algunos puestos de trabajo del Personal Estatutario, se retribuye a través del:

a) Complemento de destino.
b) Complemento de atención continuada.
c) Complemento específico.
d) Complemento de productividad.

13. Según el art. 72.2 del Estatuto Marco, tendrá la consideración de falta muy grave:

a) Intervenir en un procedimiento administrativo cuando se dé alguna de las causas de abstención legalmente señaladas.
b) Toda actuación que suponga discriminación por razones ideológicas, morales, políticas, sindicales, de raza, lengua, género, religión o circunstancias económicas, personales o sociales, tanto del personal como de los usuarios.
c) El incumplimiento injustificado de la jornada de trabajo que acumulado suponga más de 20 horas al mes.
d) La incorrección con los superiores, compañeros, subordinados o usuarios.

14. Para poder obtener la excedencia voluntaria por interés particular es necesario haber prestado servicios efectivos en cualquiera de las Administraciones Públicas durante:

a) Los cinco años inmediatamente anteriores.
b) Los cuatro años inmediatamente anteriores.
c) El año inmediatamente anterior.
d) No se exige periodo mínimo de prestación efectiva de servicios.

15. En el régimen disciplinario del Estatuto Marco se reconoce a los interesados el derecho a:

a) Proponer el nombramiento del instructor.
b) Solicitar la excedencia voluntaria durante la tramitación del expediente.
c) Formular Pliegos de cargos.
d) Formular alegaciones en cualquier fase del procedimiento.

16. Las Comunidades Autónomas, en el ámbito de sus competencias, determinarán la limitación máxima de la jornada a tiempo parcial respecto a la jornada completa, con el límite máximo del:

a) El 80 % de la jornada ordinaria, en cómputo anual, o del que proporcionalmente corresponda si se trata de nombramiento temporal de menor duración.
b) El 75 % de la jornada ordinaria, en cómputo anual, o del que proporcionalmente corresponda si se trata de nombramiento temporal de menor duración.
c) El 70 % de la jornada ordinaria, en cómputo anual, o del que proporcionalmente corresponda si se trata de nombramiento temporal de menor duración.
d) El 50 % de la jornada ordinaria, en cómputo anual, o del que proporcionalmente corresponda si se trata de nombramiento temporal de menor duración.

17. El Estatuto Marco del personal estatutario considera a este personal como titular de una relación:

a) Funcionarial común.
b) Laboral común.
c) Estatutaria de la Seguridad Social.
d) Funcionarial especial.

18. Cuando de un procedimiento de movilidad se derive cambio del servicio de salud de destino, el Estatuto Marco establece un plazo posesorio de:

a) Un mes.
b) Treinta días.
c) Quince días.
d) Diez días.

19. Según el Estatuto Marco del personal estatutario, la situación de excedencia voluntaria por interés particular obliga a un periodo mínimo de permanencia en ella de:

a) Un año.
b) Dos años.
c) Doce meses.
d) No establece periodo mínimo.

20. De acuerdo con el régimen disciplinario del personal estatutario, se considera muy grave:

a) El abandono del servicio.
b) El abuso de autoridad en el ejercicio de sus funciones.
c) Falta de obediencia debida a los superiores.
d) La incorrección con los superiores, compañeros, subordinados o usuarios.

En MADTEST tienes **más preguntas de este tema**, y todos tus avances quedan registrados y se reflejan en el ranking.

¡Supera tus límites con MADTEST!

Solución al test n.º 6

1. a) El que, una vez superado el correspondiente proceso selectivo, obtiene un nombramiento para el desempeño, con carácter permanente, de las funcionales que de tal nombramiento se deriven.

2. c) De interinidad.

3. b) Tres años

4. a) 2 años.

5. b) No podrán ser nombrados, y quedarán sin efecto sus actuaciones.

6. b) Concurso-oposición.

7. d) Respetar la Constitución, el Estatuto de Autonomía correspondiente y el resto del ordenamiento jurídico.

8. b) 15 minutos.

9. a) Los 6 años siguientes.

10. b) Los 6 meses.

11. c) Las pagas extraordinarias.

12. c) Complemento específico.

13. b) Toda actuación que suponga discriminación por razones ideológicas, morales, políticas, sindicales, de raza, lengua, género, religión o circunstancias económicas, personales o sociales, tanto del personal como de los usuarios.

14. a) Los cinco años inmediatamente anteriores.

15. d) Formular alegaciones en cualquier fase del procedimiento.

16. b) El 75 % de la jornada ordinaria, en cómputo anual, o del que proporcionalmente corresponda si se trata de nombramiento temporal de menor duración.

17. d) Funcionarial especial.

18. a) Un mes.

19. b) Dos años.

20. a) El abandono del servicio.

TEST N.º 7

El Decreto 2/2011, de 14 de enero, de selección de personal estatutario y provisión de plazas y puestos de trabajo del Servicio Riojano de Salud

1. La provisión de plazas, selección y promoción interna y la movilidad del personal estatutario de los servicios de salud a nivel estatal viene regulado por:

a) La Ley 55/2003, de 16 de diciembre.
b) El Real Decreto Ley 1/1999, de 8 de enero.
c) El Real Decreto 1473/2001, de 27 de diciembre.
d) La Constitución Española de 1978.

2. El Decreto 2/2011, de 14 de enero, de selección de personal estatutario y provisión de plazas y puestos de trabajo del Servicio Riojano de Salud se dicta:

a) En virtud de la disposición transitoria sexta del Real Decreto Ley 1/1999, de 8 de enero.
b) Conforme a lo dispuesto en el Decreto 8/2007, de 2 de marzo.
c) A raíz de la Sentencia del Tribunal Superior de Justicia de La Rioja.
d) En virtud del acuerdo de la Mesa Sectorial del Servicio Riojano de Salud.

3. El Decreto 2/2011, de 14 de enero, se compone de:

a) 95 artículos.
b) Seis títulos y ocho capítulos.
c) 93 artículos y cuatro capítulos.
d) 93 artículos, seis títulos y doce capítulos.

4. El proceso de provisión de plazas en el Servicio Riojano de Salud viene regulado en el Decreto 2/2011, de 14 de enero, en su Título:

a) Tercero.
b) Cuarto.
c) Segundo.
d) Primero.

5. La expresión cifrada y sistemática del número de plazas que, como máximo, pueden ser provistas con carácter permanente en el Servicio Riojano de Salud, organizadas por tipo de funciones, relación de empleo, grupo de clasificación profesional y centro, se llama:

a) Personal.
b) Plantilla.
c) Equipo.
d) Relación de Puestos de Trabajo.

6. En el Servicio Riojano de Salud, y atendiendo a la función, las plazas se clasifican en:

a) Personal funcionario, estatutario o laboral.
b) Personal sanitario o estatutario.
c) Personal sanitario funcionario o sanitario estatutario.
d) Personal sanitario o de gestión y servicios.

7. Según el artículo 2 del Decreto 2/2011, de 14 de enero, se declararán a extinguir las plazas reservadas para el personal:

a) De gestión y servicios.
b) Laboral.
c) Funcionario.
d) Funcionario y laboral.

8. El instrumento organizativo que ordena la plantilla del Servicio Riojano de Salud en puestos de trabajo, para el ejercicio de las funciones correspondientes a cada categoría y la consecuente prestación de la asistencia sanitaria a la población es:

a) El sistema de provisión de plazas.
b) La relación de puestos de trabajo.
c) La relación de empleo.
d) El sistema de provisión de puestos de trabajo.

9. La Relación de Puestos de Trabajo del Servicio Riojano de Salud debe ser aprobada en cada caso mediante:

a) Acuerdo de la Mesa Sectorial.
b) Resolución de la Consejería de Salud.
c) Decreto.
d) Acuerdo de cada Centro en atención a los procesos de movilidad interna.

10. La oferta de empleo público de personal estatutario del Servicio Riojano de Salud reservará un cupo de las plazas ofertadas para ser cubiertas por personas con discapacidad:

a) Igual o superior al 33 %.
b) Igual o superior al 10 %.
c) No inferior al 7 %.
d) De al menos el 50 %.

11. La Oferta de Empleo Público del Servicio Riojano de Salud, reservará al turno de promoción interna:

a) Ninguna plaza.
b) Un máximo del 50 % de las plazas ofertadas.
c) Al menos el 50 % de las plazas ofertadas.
d) Un mínimo del 7 % de las plazas ofertadas.

12. No es un procedimiento contemplado para la provisión permanente de plazas del Servicio Riojano de Salud:

a) La selección de personal de nuevo ingreso.
b) La movilidad voluntaria con el resto de personal estatutario fijo de las restantes consejerías de la Comunidad Autónoma.
c) La promoción interna de personal estatutario fijo.
d) Todos los anteriores lo son.

13. La selección de personal estatutario fijo de nuevo ingreso del Servicio Riojano de Salud se realizará, con carácter general, a través del sistema de:

a) Oposición.
b) Concurso.
c) Movilidad.
d) Concurso oposición.

14. En el sistema de concurso-oposición para la selección de personal estatutario fijo de nuevo ingreso del Servicio Riojano de Salud, la valoración de la fase de oposición, en relación con la puntuación total, será de al menos:

a) Un 40 %.
b) Un 50 %.
c) Un 33 %.
d) Un 60 %.

15. El proceso selectivo del personal estatutario fijo del Servicio Riojano de Salud se inicia con la publicación de la resolución de la convocatoria que haya sido aprobada por:

a) Decreto del Gobierno de La Rioja.

b) Acuerdo de la Mesa Sectorial del Servicio Riojano de Salud.

c) Orden de la Consejería de Salud de La Rioja.

d) Resolución de la Presidencia del Servicio Riojano de Salud.

16. Es requisito ineludible para poder participar en los procesos de selección de personal estatutario fijo del Servicio Riojano de Salud:

a) Ser mayor de 18 años.

b) Ser español.

c) Estar en condiciones de obtener la titulación exigida en la convocatoria dentro del plazo de presentación de solicitudes.

d) Que hayan transcurrido más de seis años desde que haya sido inhabilitado con carácter firme para el ejercicio de funciones públicas.

17. El período de prácticas de las pruebas selectivas de personal estatutario fijo del Servicio Riojano de Salud:

a) Se establecerá siempre que se requiera un título académico o profesional específico.

b) No tendrá nunca carácter eliminatorio.

c) Permitirá a los aspirantes en prácticas formar parte de la plantilla del Organismo en la categoría objeto del proceso selectivo.

d) Compensará a los aspirantes en prácticas con una retribución equivalente al sueldo y pagas extraordinarias correspondientes a la categoría objeto del proceso selectivo.

18. La adjudicación de plaza al personal estatutario fijo del Servicio Riojano de Salud de nuevo ingreso:

a) Será siempre con carácter definitivo.

b) Será siempre con carácter provisional.

c) Será con carácter definitivo, salvo que afecte a las legítimas expectativas de movilidad del personal fijo.

d) Será con carácter provisional, quedando el adjudicatario obligado a participar en el siguiente concurso de traslados para obtener un nombramiento definitivo.

19. El plazo de toma de posesión del adjudicatario de la plaza de personal estatutario fijo del Servicio Riojano de Salud será:

a) De un mes desde la publicación de la resolución de nombramiento.

b) De un mes desde la fecha de la resolución del nombramiento.

c) De un mes a partir del día siguiente al de la publicación de la resolución de nombramiento.

d) De un mes a partir del día siguiente al de la fecha de la resolución de nombramiento.

20. Será requisito para la participación en procesos selectivos por el sistema de promoción interna del Servicio Riojano de Salud:

a) Haber prestado servicios como personal estatutario fijo durante al menos dos años en la categoría a la que se opta.

b) Encontrarse en servicio activo en cualquier administración pública.

c) Haber prestado servicios durante cinco años en la categoría de origen y ostentar la titulación exigida en el grupo al de la categoría a la que aspira a ingresar.

d) Ostentar la titulación exigida, salvo las especialidades de los casos de acceso a las categorías de personal de formación profesional.

En MADTEST tienes **más preguntas de este tema**, y todos tus avances quedan registrados y se reflejan en el ranking.

¡Supera tus límites con MADTEST!

Solución al test n.º 7

1. a) La Ley 55/2003, de 16 de diciembre.

2. d) En virtud del acuerdo de la Mesa Sectorial del Servicio Riojano de Salud.

3. c) 93 artículos y cuatro capítulos.

4. c) Segundo.

5. b) Plantilla.

6. d) Personal sanitario o de gestión y servicios.

7. d) Funcionario y laboral.

8. b) La relación de puestos de trabajo.

9. c) Decreto.

10. c) No inferior al 7 %.

11. c) Al menos el 50 % de las plazas ofertadas.

12. b) La movilidad voluntaria con el resto de personal estatutario fijo de las restantes consejerías de la Comunidad Autónoma.

13. d) Concurso oposición.

14. d) Un 60 %.

15. d) Resolución de la Presidencia del Servicio Riojano de Salud.

16. c) Estar en condiciones de obtener la titulación exigida en la convocatoria dentro del plazo de presentación de solicitudes.

17. d) Compensará a los aspirantes en prácticas con una retribución equivalente al sueldo y pagas extraordinarias correspondientes a la categoría objeto del proceso selectivo.

18. c) Será con carácter definitivo, salvo que afecte a las legítimas expectativas de movilidad del personal fijo.

19. c) De un mes a partir del día siguiente al de la publicación de la resolución de nombramiento.

20. d) Ostentar la titulación exigida, salvo las especialidades de los casos de acceso a las categorías de personal de formación profesional.

**Real Decreto Legislativo 5/2015, de 30 de octubre,
por el que se aprueba el Texto Refundido de la
Ley del Estatuto Básico del Empleado Público**

1. Según el artículo 1.3. del Texto Refundido de la Ley del Estatuto Básico del Empleado Público, uno de los fundamentos de actuación reflejados por el EBEP es el servicio a los ciudadanos y:

a) A los intereses generales.
b) Al ordenamiento jurídico.
c) Al bienestar general.
d) A la Administración Pública.

2. Se regirá por la legislación específica dictada por el Estado y por las comunidades autónomas en el ámbito de sus respectivas competencias y por lo previsto en el EBEP, excepto el capítulo II del título III (salvo el artículo 20), y los artículos 22.3, 24 y 84:

a) El personal funcionario de las Universidades Públicas.
b) El personal funcionario y en lo que proceda el personal laboral al servicio de las Administraciones de las entidades locales.
c) El personal estatutario de los servicios de salud.
d) El personal funcionario y laboral al servicio de las Administraciones de las comunidades autónomas.

3. El Estatuto Básico del Empleado Público tendrá carácter supletorio:

a) Para el personal laboral al servicio de las Administraciones de las comunidades autónomas.
b) Para el personal docente.
c) Para el personal estatutario de los servicios de salud.
d) Para todo el personal de las Administraciones Públicas no incluido en su ámbito de aplicación.

4. El EBEP contiene:

a) Aquello que es común al conjunto de los empleados públicos de todas las Administraciones Públicas.

b) Las normas legales específicas aplicables a los empleados públicos de todas las Administraciones Públicas.

c) Aquello que es común al conjunto de los funcionarios de todas las Administraciones Públicas, más las normas legales específicas aplicables al personal laboral a su servicio.

d) Aquello que es común al conjunto del personal laboral de todas las Administraciones Públicas, más las normas legales específicas aplicables al personal funcionario a su servicio.

5. Señalar la respuesta incorrecta. La designación de personal directivo:

a) Atenderá a principios de mérito y capacidad.

b) Se llevará a cabo mediante procedimientos que garanticen la publicidad y concurrencia.

c) Supone la adquisición de la condición de personal eventual.

d) Atenderá a criterios de idoneidad.

6. En relación con el personal eventual, es cierto que:

a) Será retribuido con cargo a los créditos presupuestarios consignados para el personal funcionario.

b) La condición de personal eventual constituirá mérito en la fase de concurso para el acceso a la Función Pública.

c) Su cese tendrá lugar, en todo caso, cuando se produzca el de la autoridad a la que se preste la función de confianza o asesoramiento.

d) La condición de personal eventual computará como mérito para la promoción interna.

7. Corresponden en exclusiva a los funcionarios públicos, en los términos que en la ley de desarrollo de cada Administración Pública se establezca, el ejercicio de funciones:

a) Directivas.

b) Que impliquen la participación directa o indirecta en el ejercicio de las potestades públicas.

c) Del ámbito militar, de la Justicia o de la Hacienda Pública.

d) Que impliquen la participación directa (no la indirecta), en la salvaguardia de los intereses generales del Estado.

8. Las leyes de Función Pública que se dicten en desarrollo del EBEP podrán prever el nombramiento de personal interino para la ejecución de programas de carácter temporal con una duración de hasta:

a) 2 años.

b) 3 años.

c) 4 años.
d) 5 años.

9. Completar la siguiente frase. Según el artículo 8 del Texto Refundido de la Ley del Estatuto Básico del Empleado Público, aprobado por el Real Decreto Legislativo 5/2015, de 30 de octubre, son empleados públicos quienes desempeñan funciones …………….. en las Administraciones Públicas al servicio de los intereses generales:

a) Directivas.
b) Exclusivas.
c) Administrativas.
d) Retribuidas.

10. Según el artículo 9.1 del EBEP, es una característica del funcionario de carrera el desempeño de servicios profesionales retribuidos de carácter:

a) Permanente.
b) Público.
c) Administrativo.
d) Autoritario.

11. El número de puestos cubiertos por personal eventual:

a) Es indefinido e ilimitado.
b) Está limitado por un máximo establecido por los respectivos órganos de gobierno.
c) Está limitado a tres por cada órgano superior de la Administración Pública.
d) No puede hacerse público, puesto que se trata de personal de confianza.

12. En relación al personal eventual, el EBEP dispone que:

a) El número máximo de este tipo de personal se establecerá por ley de las Cortes Generales o de las Asambleas legislativas de las Comunidades Autónomas.
b) El cese de este personal no va ligado, en ningún caso, al de la autoridad a la que se preste la función de confianza o asesoramiento.
c) La condición de personal eventual constituye mérito para el acceso a la Función Pública y para la promoción interna.
d) Este personal solo realiza funciones expresamente calificadas como de confianza o asesoramiento especial.

13. Los funcionarios interinos serán nombrados por razones expresamente justificadas de necesidad y:

a) Economía.
b) Eficacia.
c) Urgencia.
d) Calidad.

14. A tenor del artículo 14 del EBEP los empleados públicos tienen derecho:

a) A la inamovilidad en la condición de funcionario de carrera.

b) A la formación continua y a la actualización permanente de sus conocimientos y capacidades profesionales, preferentemente fuera del horario laboral.

c) A la libertad de expresión, sin restricción alguna.

d) A participar en la consecución de los objetivos atribuidos a la unidad donde preste sus servicios y a ser consultado por sus superiores por las tareas a desarrollar.

15. Conforme al EBEP, los funcionarios públicos tendrán un permiso por enfermedad grave de un familiar dentro del primer grado de consanguinidad o afinidad, de:

a) Dos días hábiles.

b) Tres días hábiles.

c) Cuatro días hábiles.

d) Cinco días hábiles.

16. Los funcionarios públicos tendrán un permiso por matrimonio de:

a) 10 días.

b) 15 días.

c) 20 días.

d) 30 días.

17. Tal y como señala el artículo 50 del EBEP, los funcionarios públicos tendrán derecho a disfrutar, durante cada año natural, de unas vacaciones retribuidas de:

a) 1 mes.

b) 30 días naturales.

c) 22 días hábiles.

d) 30 días hábiles.

18. Los Empleados Públicos:

a) Podrán voluntariamente acatar la Constitución y el resto de normas que integran el ordenamiento jurídico.

b) Podrán abstenerse en aquellos asuntos en los que tengan un interés personal.

c) Su actuación perseguirá la satisfacción de los intereses del Gobierno.

d) Guardarán secreto de las materias clasificadas.

19. El conjunto ordenado de oportunidades de ascenso y expectativas de progreso profesional conforme a los principios de igualdad, mérito y capacidad, se denomina:

a) Evaluación del desempeño.

b) Promoción profesional.

c) Promoción interna.
d) Carrera profesional.

20. Para tener derecho a la promoción interna, los funcionarios deberán tener una antigüedad de servicio activo en el inferior subgrupo o grupo de clasificación profesional, de al menos:

a) Dos años.
b) Tres años.
c) Cuatro años.
d) Cinco años.

En MADTEST tienes **más preguntas de este tema**, y todos tus avances quedan registrados y se reflejan en el ranking.

¡Supera tus límites con MADTEST!

Solución al test n.º 8

1. a) A los intereses generales.

2. c) El personal estatutario de los servicios de salud.

3. d) Para todo el personal de las Administraciones Públicas no incluido en su ámbito de aplicación.

4. c) Aquello que es común al conjunto de los funcionarios de todas las Administraciones Públicas, más las normas legales específicas aplicables al personal laboral a su servicio.

5. c) Supone la adquisición de la condición de personal eventual.

6. c) Su cese tendrá lugar, en todo caso, cuando se produzca el de la autoridad a la que se preste la función de confianza o asesoramiento.

7. b) Que impliquen la participación directa o indirecta en el ejercicio de las potestades públicas.

8. c) 4 años.

9. d) Retribuidas.

10. a) Permanente.

11. b) Está limitado por un máximo establecido por los respectivos órganos de gobierno.

12. d) Este personal solo realiza funciones expresamente calificadas como de confianza o asesoramiento especial.

13. c) Urgencia.

14. a) A la inamovilidad en la condición de funcionario de carrera.

15. d) Cinco días hábiles.

16. b) 15 días.

17. c) 22 días hábiles.

18. d) Guardarán secreto de las materias clasificadas.

19. d) Carrera profesional.

20. a) Dos años.

TEST N.º 9

Ley 31/1995, de 8 de noviembre, de Prevención de Riesgos Laborales

1. Qué se entiende por "riesgo laboral":

a) La posibilidad de que un trabajador sufra un determinado daño derivado del trabajo.
b) La posibilidad de que un trabajador sufra una enfermedad en el trabajo.
c) La posibilidad de que un trabajador sufra acoso.
d) El riesgo que supone el ir a trabajar.

2. Indica cuál es la definición de prevención:

a) La probabilidad racional de que un riesgo se materialice de forma inminente.
b) El estudio de los procesos potencialmente peligrosos para el trabajo.
c) Conjunto de actividades o medidas adoptadas o previstas en todas las fases de actividad de la empresa con el fin de evitar o disminuir los riesgos derivados del trabajo.
d) Posibilidad de que un trabajador sufra un determinado daño derivado del trabajo.

3. Según establece el art. 4 de la Ley 31/1995, de 8 de noviembre, de Prevención de Riesgos Laborales, se define como daños derivados del trabajo:

a) La posibilidad de que un trabajador sufra un determinado daño derivado del trabajo.
b) El que resulte probable racionalmente que se materialice en un futuro inmediato y pueda suponer y pueda suponer un daño grave para la salud de los trabajadores.
c) Las enfermedades, patologías o lesiones sufridas con motivo u ocasión del trabajo.
d) Cualquier máquina, aparato, instrumento o instalación utilizada en el trabajo.

4. El objeto y carácter de la norma de la Ley 31/95 de Prevención de Riesgos Laborales dice:

a) La presente Ley tiene por objeto promover la salud de los trabajadores mediante la aplicación de medidas y el desarrollo de las actividades necesarias para la prevención de riesgos derivados del trabajo.
b) La presente Ley tiene por objeto promover la seguridad y la salud de los trabajadores mediante la aplicación de medidas y el desarrollo de las actividades necesarias para la prevención de riesgos derivados del trabajo.

c) La presente Ley tiene por objeto promover la seguridad de los trabajadores mediante la aplicación de medidas y el desarrollo de las actividades necesarias para la prevención de riesgos derivados del trabajo.

d) La presente Ley tiene por objeto promover la seguridad, la salud de los trabajadores y la negociación entre empresa y delegados de prevención, mediante la aplicación de medidas y el desarrollo de las actividades necesarias para la prevención de riesgos derivados del trabajo.

5. Cualquier característica del trabajo que pueda tener una influencia significativa en la generación de riesgos para la seguridad y la salud del trabajador, es:

a) Una condición de trabajo.
b) Un factor de riesgo.
c) Un proceso potencialmente peligroso.
d) Una zona peligrosa.

6. Toda lesión corporal que el trabajador sufra con ocasión del trabajo que ejerza por cuenta ajena:

a) Es un riesgo laboral.
b) Es un accidente.
c) Es una enfermedad profesional.
d) Es una simple circunstancia.

7. Señale la respuesta incorrecta:

a) La Ley de Prevención de Riesgos Laborales se aplica a los operativos de Seguridad civil en casos de catástrofe.
b) La Ley de Prevención de Riesgos Laborales se aplica a las sociedades cooperativas.
c) En el ámbito de la relación laboral de carácter especial del servicio del hogar familiar, las personas trabajadoras tienen derecho a una protección eficaz en materia de seguridad y salud en el trabajo.
d) En los establecimientos penitenciarios, se adaptarán a la Ley de Prevención de Riesgos Laborales aquellas actividades cuyas características justifiquen una regulación especial.

8. Para calificar un riesgo desde el punto de vista de su gravedad, se valorarán conjuntamente la severidad del daño y:

a) La probabilidad de que se produzca.
b) La cantidad de trabajadores de la empresa.
c) La existencia o no de equipos individuales de protección.
d) Las condiciones de trabajo.

9. Según el artículo 5 de la Ley 31/1995, la política en materia de prevención tendrá por objeto la .... de la mejora de las condiciones de trabajo dirigida a elevar el nivel de protección de la seguridad y la salud de los trabajadores en el trabajo. Señalar la palabra que falta:

a) Revisión.
b) Normalización.
c) Regulación.
d) Promoción.

10. Con el objetivo de detectar y prevenir posibles situaciones en las que los daños derivados del trabajo puedan aparecer vinculados con el sexo de los trabajadores, las Administraciones Públicas promoverán la efectividad del principio de:

a) Corresponsabilidad.
b) Igualdad entre mujeres y hombres.
c) Discriminación positiva.
d) Protección de la maternidad.

11. Conforme al artículo 8.3 de la Ley 31/1995, el Instituto Nacional de Seguridad y Salud en el Trabajo actuará en relación con las instituciones de la Unión Europea:

a) Como centro de referencia nacional.
b) Como órgano controlador de la normativa europea.
c) Como centro interpretativo.
d) Como órgano regulativo.

12. Según el artículo 11 de la Ley 31/1995, la elaboración de normas preventivas y el control de su cumplimiento, la promoción de la prevención, la investigación y la vigilancia epidemiológica sobre riesgos laborales, accidentes de trabajo y enfermedades profesionales determinan la necesidad de .... las actuaciones de las Administraciones competentes en materia laboral, sanitaria y de industria para una más eficaz protección de la seguridad y la salud de los trabajadores. Señalar la palabra que falta:

a) Registrar.
b) Inspeccionar.
c) Coordinar.
d) Divulgar.

13. En virtud del artículo 12 de la Ley 31/1995, es principio básico de la política de prevención de riesgos laborales, a desarrollar por las Administraciones públicas competentes en los distintos niveles territoriales:

a) La coordinación de empresarios y trabajadores, a través de las organizaciones empresariales y sindicales más representativas, en la planificación, programación, organización y control de la gestión relacionada con la mejora de las condiciones de trabajo y la protección de la seguridad y salud de los trabajadores en el trabajo.

b) La participación de empresarios y trabajadores, a través de las organizaciones empresariales y sindicales más representativas, en la planificación, programación, organización y control de la gestión relacionada con la mejora de las condiciones de trabajo y la protección de la seguridad y salud de los trabajadores en el trabajo.

c) El acuerdo de empresarios y trabajadores, a través de las organizaciones empresariales y sindicales más representativas, en la planificación, programación, organización y control de la gestión relacionada con la mejora de las condiciones de trabajo y la protección de la seguridad y salud de los trabajadores en el trabajo.

d) El arbitraje de empresarios y trabajadores, a través de las organizaciones empresariales y sindicales más representativas, en la planificación, programación, organización y control de la gestión relacionada con la mejora de las condiciones de trabajo y la protección de la seguridad y salud de los trabajadores en el trabajo.

14. La regulación de los requisitos mínimos que deben reunir las condiciones de trabajo para la protección de la seguridad y la salud de los trabajadores, corresponde a:

a) Las Cortes Generales.

b) El Gobierno de la nación, previa consulta a las organizaciones sindicales y empresariales más representativas.

c) El Consejo de Gobierno de cada Comunidad Autónoma; por delegación del Consejo de Ministros.

d) Los Convenios Colectivos.

15. Las normas reglamentarias en materia de prevención las dicta:

a) El Gobierno, a través de las correspondientes normas reglamentarias y previa consulta a las organizaciones sindicales y empresariales más representativas.

b) Los Delegados de Prevención.

c) Los Delegados de Prevención y el Empresario.

d) El Empresario.

16. La Comisión Nacional de Seguridad y Salud en el Trabajo, está compuesta por:

a) Representantes de las organizaciones sindicales y empresariales.

b) Un representante de cada una de las Comunidades Autónomas y representantes de las organizaciones sindicales y empresariales.

c) Representantes de la Administración y representantes de las organizaciones sindicales y empresariales.

d) Un representante de cada una de las Comunidades Autónomas y por igual número de miembros de la Administración General del Estado y, paritariamente con todos los anteriores, por representantes de las organizaciones empresariales y sindicales más representativas.

17. La función de vigilancia y control de la normativa sobre prevención de riesgos laborales corresponde:

a) A la Dirección General de Personal y Desarrollo Profesional.
b) A la Delegación Provincial de Trabajo.
c) A la Inspección de Trabajo y Seguridad Social.
d) Al Servicio de Medicina Preventiva.

18. El órgano científico técnico especializado de la Administración General del Estado que tiene como misión el análisis y estudio de las condiciones de seguridad y salud en el trabajo, así como la promoción y apoyo a la mejora de las mismas, es:

a) El Instituto Nacional de Seguridad y Salud en el Trabajo.
b) La Comisión Nacional de Seguridad y Salud en el Trabajo.
c) El Instituto Carlos III.
d) El Centro Nacional de Promoción y Cuidados de la Salud.

19. ¿Quién debe garantizar a los trabajadores la vigilancia periódica de su estado de salud en función de los riesgos inherentes al trabajo?

a) La Inspección de Trabajo.
b) El propio trabajador.
c) El empresario.
d) Las secciones sindicales.

20. El derecho básico reconocido a los trabajadores por la Ley 31/1995, de 8 de noviembre, es:

a) La vigilancia de su estado de salud.
b) Una protección eficaz en materia de seguridad y salud en el trabajo.
c) La formación en materia preventiva.
d) La información, consulta y participación.

En MADTEST tienes **más preguntas de este tema**, y todos tus avances quedan registrados y se reflejan en el ranking.

¡Supera tus límites con MADTEST!

Solución al test n.º 9

1. a) La posibilidad de que un trabajador sufra un determinado daño derivado del trabajo.

2. c) Conjunto de actividades o medidas adoptadas o previstas en todas las fases de actividad de la empresa con el fin de evitar o disminuir los riesgos derivados del trabajo.

3. c) Las enfermedades, patologías o lesiones sufridas con motivo u ocasión del trabajo.

4. b) La presente Ley tiene por objeto promover la seguridad y la salud de los trabajadores mediante la aplicación de medidas y el desarrollo de las actividades necesarias para la prevención de riesgos derivados del trabajo.

5. a) Una condición de trabajo.

6. b) Es un accidente.

7. a) La Ley de Prevención de Riesgos Laborales se aplica a los operativos de Seguridad civil en casos de catástrofe.

8. a) La probabilidad de que se produzca.

9. d) Promoción.

10. b) Igualdad entre mujeres y hombres.

11. a) Como centro de referencia nacional.

12. c) Coordinar.

13. b) La participación de empresarios y trabajadores, a través de las organizaciones empresariales y sindicales más representativas, en la planificación, programación, organización y control de la gestión relacionada con la mejora de las condiciones de trabajo y la protección de la seguridad y salud de los trabajadores en el trabajo.

14. b) El Gobierno de la nación, previa consulta a las organizaciones sindicales y empresariales más representativas.

15. a) El Gobierno, a través de las correspondientes normas reglamentarias y previa consulta a las organizaciones sindicales y empresariales más representativas.

16. d) Un representante de cada una de las Comunidades Autónomas y por igual número de miembros de la Administración General del Estado y, paritariamente con todos los anteriores, por representantes de las organizaciones empresariales y sindicales más representativas.

17. c) A la Inspección de Trabajo y Seguridad Social.

18. a) El Instituto Nacional de Seguridad y Salud en el Trabajo.

19. c) El empresario.

20. b) Una protección eficaz en materia de seguridad y salud en el trabajo.

TEST N.º 10

El Reglamento (UE) 2016/679 del Parlamento Europeo y del Consejo, de 27 de abril de 2016, relativo a la protección de las personas físicas en lo que respecta al tratamiento de datos personales y a la libre circulación de estos datos: disposiciones generales, principios y derechos del interesado

1. El artículo 18.1 de la Constitución Española garantiza el derecho al honor, a la intimidad personal y familiar y a:

a) La protección de datos de carácter personal.
b) La confidencialidad.
c) La propia imagen.
d) El secreto profesional.

2. Los datos personales obtenidos a partir de un tratamiento técnico específico, relativos a las características físicas, fisiológicas o conductuales de una persona física que permitan o confirmen la identificación única de dicha persona, como imágenes faciales o datos dactiloscópicos, se denominan:

a) Datos corporales.
b) Datos naturales.
c) Datos genéticos.
d) Datos biométricos.

3. ¿En virtud de qué principio previsto por el Reglamento General de Protección de Datos, los datos personales serán adecuados, pertinentes y limitados a lo necesario en relación con los fines para los que son tratados?

a) Principio de exactitud.
b) Principio de limitación de la finalidad.
c) Principio de responsabilidad proactiva.
d) Principio de minimización de datos.

4. En relación al consentimiento del interesado al tratamiento de datos de carácter personal, es cierto que:

a) En ningún caso se puede obligar a nadie a facilitar sus datos.
b) El consentimiento ha de ser previo a la información sobre el tratamiento.
c) Si se puede consentir libremente, del mismo modo, se puede retirar el consentimiento.
d) La solicitud del consentimiento deberá ir referida a todos los tratamientos que se puedan dar en un plazo determinado.

5. El derecho a la portabilidad de los datos:

a) Se podrá aplicar a los tratamientos que sean necesario para el cumplimiento de una misión realizada en interés público o en el ejercicio de poderes públicos conferidos al responsable del tratamiento.
b) A diferencia de otros derechos, podrá afectar negativamente a los derechos y libertades de otros.
c) Supone la obligación de que, en todo caso, los datos personales se transmitan directamente de responsable a responsable.
d) Requiere que el tratamiento se efectúe por medios automatizados.

6. Conforme al RGPD, ¿puede facilitarse la información al interesado de forma verbal?

a) No, en ningún caso.
b) Sí, siempre que lo solicite el interesado.
c) Sí, en cualquier caso siempre que se demuestre la identidad del interesado por otros medios.
d) Sí, cuando lo solicite el interesado y se pueda demostrar su identidad por otros medios.

7. Conforme al artículo 17 del RGPD, el derecho de supresión no se podrá aplicar cuando:

a) Los datos personales ya no sean necesarios en relación con los fines para los que fueron recogidos o tratados de otro modo.
b) Los datos personales se hayan obtenido en relación con la oferta de servicios de la sociedad de la información.
c) Los datos personales hayan sido tratados ilícitamente.
d) Los datos personales sean necesarios para ejercer el derecho a la libertad de expresión e información.

8. Conforme al artículo 18 del RGPD, el interesado tendrá derecho a obtener del responsable del tratamiento la limitación del tratamiento de los datos:

a) Cuando los datos personales ya no sean necesarios en relación con los fines para los que fueron recogidos o tratados de otro modo.
b) Para que el interesado pueda ejercer el derecho a la libertad de expresión e información.

c) Cuando el interesado impugne la exactitud de los datos personales, durante un plazo que permita al responsable verificar la exactitud de los mismos.

d) Por razones de interés público en el ámbito de la salud pública.

9. En relación al derecho de portabilidad, es cierto que:

a) El ejercicio de este derecho impide el ejercicio del derecho de supresión.

b) Al ejercer su derecho a la portabilidad de los datos, el interesado tendrá que transmitir los datos directamente al nuevo responsable de los mismos.

c) Se aplicará al tratamiento que sea necesario para el cumplimiento de una misión realizada en interés público o en el ejercicio de poderes públicos conferidos al responsable del tratamiento.

d) No podrá afectar negativamente a los derechos y libertades de otros.

10. Cuando los plazos se señalen por días en el RGPD o en la LO 3/2018, se entiende que estos:

a) Son naturales.

b) Son hábiles, de lunes a sábado; excluyéndose del cómputo los domingos y los declarados festivos.

c) Son naturales; excluyéndose del cómputo los declarados festivos.

d) Son hábiles, excluyéndose del cómputo los sábados, los domingos y los declarados festivos.

11. El RGPD considera "destinatario":

a) A la persona física o jurídica, autoridad pública, servicio u otro organismo al que se comuniquen datos personales, siempre que se trate de un tercero.

b) A la persona física o jurídica, autoridad pública, servicio u otro organismo al que se comuniquen datos personales, se trate o no de un tercero.

c) A la autoridad pública que pueda recibir datos personales en el marco de una investigación concreta de conformidad con el Derecho de la Unión o de los Estados miembros.

d) A la persona física o jurídica, autoridad pública, servicio u organismo distinto del interesado, del responsable del tratamiento, del encargado del tratamiento y de las personas autorizadas para tratar los datos personales bajo la autoridad directa del responsable o del encargado.

12. El RGPD denomina a la autoridad pública independiente establecida por un Estado miembro:

a) Agencia Nacional de Protección de Datos.

b) Representante.

c) Autoridad de control.

d) Autoridad de referencia.

13. ¿Cómo denomina el RGPD el tratamiento de datos personales de manera tal que ya no puedan atribuirse a un interesado sin utilizar información adicional, siempre que dicha información adicional figure por separado y esté sujeta a medidas técnicas y organizativas destinadas a garantizar que los datos personales no se atribuyan a una persona física identificada o identificable?

a) Seudonimización.
b) Anonimización.
c) Generalización.
d) Encriptación.

14. ¿Qué título de la LO 3/2018, de 5 de diciembre, de Protección de Datos Personales y garantía de los derechos digitales, se refiere a los principios de la protección de datos?

a) Título I.
b) Título II.
c) Título III.
d) Título IV.

15. Respecto a la naturaleza de la LO 3/ 2018, de 5 de diciembre, de Protección de Datos Personales y garantía de los derechos digitales:

a) Todo su articulado tiene carácter de ley orgánica.
b) Los títulos I a V tienen carácter de ley orgánica y los títulos restantes, carácter de ley ordinaria.
c) Los títulos I a X tienen carácter de ley orgánica, mientras que las disposiciones adicionales, transitorias, derogatoria y finales tienen carácter de ley ordinaria.
d) Algunos títulos, artículos y disposiciones tienen carácter de ley ordinaria.

16. Lo dispuesto en los Títulos I a IX y en los artículos 89 a 94 de la LO 3/2018 se aplica:

a) Al tratamiento no automatizado de datos personales contenidos o destinados a ser incluidos en un fichero.
b) A los tratamientos excluidos del ámbito del RGPD.
c) A los tratamientos de datos de personas fallecidas.
d) A los tratamientos sometidos a la normativa sobre protección de materias clasificadas.

17. Conforme al artículo 3 de la LO 3/2018, las personas vinculadas al fallecido por razones familiares o de hecho, así como sus herederos:

a) No podrán dirigirse al responsable o encargado del tratamiento para solicitar el acceso a los datos personales de aquella, si no es por vía judicial.
b) Solo podrán dirigirse al encargado del tratamiento, siempre que sea con objeto de rectificar datos manifiestamente falsos.

c) Podrán dirigirse al responsable o encargado del tratamiento siempre que sea con objeto de solicitar la supresión de los datos personales de aquella sin posibilidad de acceder a ellos.

d) Podrán dirigirse al responsable o encargado del tratamiento al objeto de solicitar el acceso a los datos personales de aquella y, en su caso, su rectificación o supresión.

18. Según el artículo 6.2 de la Ley Orgánica 3/2018 de Protección de Datos Personales y garantía de los derechos digitales, cuando se pretenda fundar el tratamiento de los datos en el consentimiento del afectado para una pluralidad de finalidades, será preciso que conste de manera específica e inequívoca que dicho consentimiento se otorga:

a) Por un periodo de tiempo.
b) Irrevocablemente.
c) Para todas ellas.
d) Por interés público.

19. Toda persona cuya identidad pueda determinarse, directa o indirectamente, en particular mediante un identificador, como por ejemplo un nombre, un número de identificación, datos de localización, un identificador en línea o uno o varios elementos propios de la identidad física, fisiológica, genética, psíquica, económica, cultural o social de dicha persona, se considerará persona física:

a) Identificable.
b) Fichada.
c) Legal.
d) Tratable.

20. Los datos personales serán tratados de tal manera que se garantice una seguridad adecuada de los mismos, incluida la protección contra el tratamiento no autorizado o ilícito y contra su pérdida, destrucción o daño accidental, mediante la aplicación de medidas técnicas u organizativas apropiadas; todo ello en virtud del principio de:

a) Responsabilidad proactiva.
b) Integridad y confidencialidad.
c) Limitación de la finalidad.
d) Licitud, lealtad y transparencia.

En MADTEST tienes **más preguntas de este tema**, y todos tus avances quedan registrados y se reflejan en el ranking.

¡Supera tus límites con MADTEST!

Solución al test n.º 10

1. c) La propia imagen.

2. d) Datos biométricos.

3. d) Principio de minimización de datos.

4. c) Si se puede consentir libremente, del mismo modo, se puede retirar el consentimiento.

5. d) Requiere que el tratamiento se efectúe por medios automatizados.

6. d) Sí, cuando lo solicite el interesado y se pueda demostrar su identidad por otros medios.

7. d) Los datos personales sean necesarios para ejercer el derecho a la libertad de expresión e información.

8. c) Cuando el interesado impugne la exactitud de los datos personales, durante un plazo que permita al responsable verificar la exactitud de los mismos.

9. d) No podrá afectar negativamente a los derechos y libertades de otros.

10. d) Son hábiles, excluyéndose del cómputo los sábados, los domingos y los declarados festivos.

11. b) A la persona física o jurídica, autoridad pública, servicio u otro organismo al que se comuniquen datos personales, se trate o no de un tercero.

12. c) Autoridad de control.

13. a) Seudonimización.

14. b) Título II.

15. c) Los títulos I a X tienen carácter de ley orgánica, mientras que las disposiciones adicionales, transitorias, derogatoria y finales tienen carácter de ley ordinaria.

16. a) Al tratamiento no automatizado de datos personales contenidos o destinados a ser incluidos en un fichero.

17. d) Podrán dirigirse al responsable o encargado del tratamiento al objeto de solicitar el acceso a los datos personales de aquella y, en su caso, su rectificación o supresión.

18. c) Para todas ellas.

19. a) Identificable.

20. b) Integridad y confidencialidad.

TEST
PARTE ESPECÍFICA

TEST N.º 1

El personal subalterno: funciones del celador y del coordinador de personal subalterno. Su relación con los familiares de los pacientes. Funciones de asistencia al personal sanitario facultativo y no facultativo

1. ¿Cuál de las siguientes afirmaciones es correcta sobre el personal subalterno en la sanidad española?

a) El personal subalterno realiza tareas técnicas sin supervisión.

b) El personal subalterno se enmarca en una categoría homogénea.

c) Las funciones del personal subalterno dependen del puesto de trabajo ocupado y se realizan bajo supervisión.

d) En la sanidad española, el personal subalterno no se divide en escalas ni clases.

2. Los celadores/as, en el ejercicio de sus funciones:

a) Darán cuenta a los familiares y visitantes sobre diagnósticos, exploraciones y tratamientos.

b) Desempeñará tareas técnicas sanitarias específicas.

c) Harán los servicios de guardia que correspondan dentro de los turnos que se establezcan.

d) Hará cumplir las órdenes a sus compañeros.

3. Cuando el/la celador/a observe desperfectos o anomalías en la limpieza y conservación del edificio y material, lo deberá comunicar:

a) Al jefe de subalternos.

b) Al jefe de turnos.

c) Al personal de limpieza.

d) Al/a la responsable de planta o unidad donde ocurra el incidente.

4. Según el Estatuto de 1971, ¿cuál de las siguientes opciones describe correctamente las áreas de funciones del celador/a?

a) Las funciones del celador/a se dividen en tres áreas: guardia y vigilancia, cuidado del paciente, y tareas propias específicas.

b) Las funciones del celador/a solo se dividen en dos áreas: guardia y vigilancia, y cuidado del paciente.

c) Las funciones del celador/a se dividen en cuatro áreas: guardia y vigilancia, cuidado del paciente, tareas propias específicas, y administración.

d) Las funciones del celador/a no se dividen en áreas específicas.

5. Según el Estatuto de Personal no sanitario, ¿cuándo deberán los celadores realizar labores de limpieza de manera excepcional?

a) Nunca, no es función propia de un celador.

b) Cuando exista saturación de trabajo en el servicio en el que se encuentre y así se le encomiende.

c) Cuando su realización por el personal femenino no sea idónea o decorosa.

d) Cuando exista escasez de personal.

6. ¿Quién tendrá a su cargo a los enfermos durante el traslado, tanto dentro de la Institución como en el servicio de ambulancias?

a) El TCAE.

b) El/la enfermero/a responsable del paciente.

c) El/la médico/a de la unidad a la que pertenece el paciente.

d) El/la celador/a.

7. ¿En qué casos deberá el/la celador/a ayudar a los/as enfermeros/as y ayudantes de planta al movimiento y traslado de los enfermos/as encamados/as?

a) Siempre, esa es una de sus funciones primordiales.

b) Cuando requieran un trato especial en razón de sus dolencias para hacerles las camas.

c) Siempre que se le ordene desde admisión.

d) Cuando así lo solicite el/la paciente.

8. Una vez que ha terminado una autopsia, el/la celador/a deberá:

a) Limpiar la mesa pero no la sala, cuya limpieza corresponde al personal de limpieza.

b) Auxiliar a los técnicos haciendo uso del instrumental sobre el cadáver si fuera necesario.

c) Limpiar la mesa y la sala de autopsias.

d) Limpiar el cadáver haciendo uso de instrumental.

9. ¿Cuándo deberán ayudar los/as celadores/as en la práctica de autopsias?

a) Cuando el Jefe del Servicio no tenga ayudante.

b) Cuando le sea ordenado por la Supervisora de planta.

c) Deberá negarse porque no es función propia de su puesto.

d) Cuando sus funciones no requieran hacer uso de instrumental sobre el cadáver.

10. ¿Quién debe encomendar a los/as celadores/as que bañen a los enfermos masculinos encamados o que no puedan realizarlo por sí mismos?

a) El Jefe de Personal Subalterno.

b) Las Supervisoras de planta o servicio o personas que las sustituyan.

c) El/la enfermero/a de planta.

d) El TCAE.

11. ¿Quién delegará sus funciones en el jefe de personal subalterno?

a) La supervisora de enfermería.

b) El Jefe de Subalternos.

c) El Director de Gestión y Servicios Generales.

d) El Jefe de Personal de Oficio.

12. Es función del Jefe de Personal Subalterno:

a) Vigilar el comportamiento de pacientes y visitantes en la Institución.

b) Vigilar las entradas de la Institución, no permitiendo el acceso a sus dependencias más que a las personas autorizadas para ello.

c) Controlar los paquetes y bultos de que sean portadoras las personas ajenas a la Institución que tengan acceso a la misma.

d) Realizar personalmente la limpieza de la Institución.

13. ¿De quién es la responsabilidad de que el personal de oficio y subalterno cumpla el horario establecido en la Institución y permanezca constantemente en su puesto de trabajo?

a) Del Director de Gestión.

b) Del Vigilante de Seguridad.

c) Del Celador de Puerta.

d) Del Jefe de Personal Subalterno.

14. Que función no corresponde al celador/a:

a) Vela continuamente por conseguir el mayor orden y silencio posible en todas las dependencias de la institución.

b) Baña a los enfermos masculinos cuando no puedan hacerlo por sí mismos.

c) Servir de ascensoristas cuando las necesidades del servicio lo requieran.

d) Vigilar personalmente la limpieza de la Institución.

15. ¿Cómo se llama la unidad asistencial que, bajo la responsabilidad de un médico especialista, está dedicada al diagnóstico y tratamiento de las enfermedades utilizando como soporte técnico fundamentalmente las imágenes y datos funcionales obtenidos por medio de radiaciones ionizantes o no ionizantes y otras fuentes de energía?

a) Extracciones.

b) Medicina Nuclear.

c) Radioterapia.

d) Radiología.

16. ¿Dónde se realizan diariamente las consultas externas extrahospitalarias?

a) En los Centros de Atención Primaria.

b) En los Centros de Especialidades periféricos (CEP).

c) En los Centros de Patologías complejas (CPC).

d) En los Centros de Atención Individualizada.

17. El Estatuto de personal no sanitario permite al celador/a en determinados supuestos:

a) La aplicación de tratamiento curativo de carácter no medicamentoso.

b) Auxiliar al médico directamente en las consultas externas.

c) Ayudar a la colocación y retirada de cuñas para la recogida de excretas.

d) Controlar diariamente las bombonas de oxígeno.

18. Señala cuál de las siguientes tareas deben desempeñar los celadores en los Centros sanitarios:

a) Amortajar a pacientes fallecidos.

b) Realizar las placas radiográficas.

c) Sujetar a los pacientes a los que se les va a realizar lavados gástricos o suturas.

d) Reducir a los pacientes psiquiátricos agitados.

19. Si un familiar le pregunta sobre el estado de salud o la evolución de su familiar usted debe:

a) Informarle clara, completa y amablemente.

b) Lo remitirá al médico.

c) Lo remitirá al jefe de servicio.
d) No le informará de nada.

20. ¿Cuál es la capacidad humana de sentir con el otro, de identificarse con él y de ponerse en el lugar del otro?

a) Asertividad.
b) Comprensión.
c) Empatía.
d) Confianza.

En MADTEST tienes **más preguntas de este tema**, y todos tus avances quedan registrados y se reflejan en el ranking.

¡Supera tus límites con MADTEST!

Solución al test n.º 1

1. c) Las funciones del personal subalterno dependen del puesto de trabajo ocupado y se realizan bajo supervisión.

2. c) Harán los servicios de guardia que correspondan dentro de los turnos que se establezcan.

3. a) Al jefe de subalternos.

4. a) Las funciones del celador/a se dividen en tres áreas: guardia y vigilancia, cuidado del paciente, y tareas propias específicas.

5. c) Cuando su realización por el personal femenino no sea idónea o decorosa.

6. d) El/la celador/a.

7. b) Cuando requieran un trato especial en razón de sus dolencias para hacerles las camas.

8. c) Limpiar la mesa y la sala de autopsias.

9. d) Cuando sus funciones no requieran hacer uso de instrumental sobre el cadáver.

10. b) Las Supervisoras de planta o servicio o personas que las sustituyan.

11. c) El Director de Gestión y Servicios Generales.

12. c) Controlar los paquetes y bultos de que sean portadoras las personas ajenas a la Institución que tengan acceso a la misma.

13. d) Del Jefe de Personal Subalterno.

14. d) Vigilará personalmente la limpieza de la Institución.

15. d) Radiología.

16. b) En los Centros de Especialidades periféricos (CEP).

17. c) Ayudar a la colocación y retirada de cuñas para la recogida de excretas.

18. c) Sujetar a los pacientes a los que se les va a realizar lavados gástricos o suturas.

19. b) Lo remitirá al médico.

20. c) Empatía.

TEST N.º 2

El celador en su relación con los pacientes: traslado y movilización de los mismos. Medios mecánicos utilizados para facilitar la movilización. Técnicas de movilización de pacientes con importantes limitaciones de movilidad. Traslado del paciente encamado, en camilla y en silla de ruedas. Posiciones anatómicas básicas

1. Los ejes longitudinal y sagital forman el plano:

a) Frontal.
b) Transversal.
c) Horizontal.
d) Sagital.

2. ¿Dónde se localiza la cavidad pélvica?

a) En la cavidad torácica.
b) En la cavidad pleural.
c) En la cavidad peritoneal.
d) En la cavidad abdominal.

3. El movimiento de la imagen se denomina:

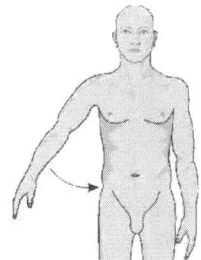

a) Abducción.
b) Aducción.
c) Flexión.
d) Rotación.

4. ¿Qué material de estos no es necesario para realizar los cambios posturales del paciente?

a) Almohadas, cojines y ropa limpia.
b) Férulas y a veces protectores de protuberancia.

c) Jabón y antisépticos.
d) Son todos necesarios.

5. Los cambios posturales del enfermo encamado para prevenir la aparición de úlceras se efectuarán cada:

a) 2-3 horas.
b) 4-5 horas.
c) 6-8 horas.
d) 12 horas.

6. ¿Qué es falso de la posición de decúbito supino?

a) Es una posición utilizada para la exploración del tórax, abdomen, piernas y pies.
b) Se emplea para comenzar con la higiene del enfermo y como punto de partida para diferentes movilizaciones.
c) El plano del cuerpo es paralelo al plano del suelo y al plano horizontal de la cama o camilla.
d) Sus piernas están extendidas y sus brazos alineados a lo largo del cuerpo, estando el paciente acostado sobre su abdomen y pecho.

7. La posición semiprona es:

a) La posición de Fowler.
b) La posición de semiFowler.
c) La posición de Roser.
d) La posición de Sims.

8. Ante situaciones de shock (especialmente hipovolémico) o en casos de lipotimias, hay que colocar al paciente en la posición de:

a) Trendelenburg.
b) Morestin.
c) Roser.
d) Fowler.

9. La posición mahometana es:

a) La posición de litotomía.
b) La posición de Fowler.
c) La posición de Morestin.
d) La posición genupectoral.

10. Cuando la movilización la realiza el propio paciente con la supervisión (sin ayuda física) del profesional sanitario, se dice que es:

a) Activa.
b) Activa auxiliada.

c) Pasiva supervisada.
d) Pasiva.

11. Las movilizaciones realizadas por el fisioterapeuta sobre los distintos segmentos corporales del paciente se denominan:

a) Inmovilizadas.
b) Activas contrarresistencia.
c) Pasivas.
d) Activas con resistencia.

12. ¿Qué consecuencia sobre la función respiratoria es cierta por el inmovilismo?

a) Aumento en los requerimientos de oxígeno.
b) Aumenta la capacidad respiratoria.
c) Se tiende instintivamente a respirar de forma más rápida y superficial.
d) Hay una estasis de secreciones, que puede acumularse y favorecer el medio para el crecimiento bacteriano.

13. Las úlceras por presión se evitan:

a) Con una sistemática de cambios posturales frecuentes.
b) La necesidad de una aplicación adecuada de buenas posiciones no es prioritaria.
c) Tomando todos los días la medicación recomendada.
d) Son ciertas las respuestas a) y c).

14. ¿Qué maniobra es la primera que hay que hacer si queremos transferir un enfermo de la cama a un sillón?

a) Colocar el sillón paralelo a la cama y a la altura de los pies.
b) Colocar al paciente en la orilla de la cama.
c) Sentar al paciente en la cama con las piernas por fuera.
d) Colocar el sillón paralelo al familiar del paciente.

15. ¿Cómo se denominan los pacientes que sufren parálisis de las extremidades inferiores y superiores?

a) Hemipléjicos.
b) Hemiparésicos.
c) Tetrapléjicos.
d) Paraparésicos.

16. La movilización del paciente de una zona a otra dentro del Hospital se denomina:

a) Movilización del paciente/usuario.
b) Traslado intrahospitalario.

c) Transporte.
d) Ninguno de los anteriores es cierto.

17. ¿Cuándo está indicado el uso de bastones en los enfermos?

a) Cuando estos pacientes sufren hemiplejia derecha que permite la marcha.
b) Cuando estos pacientes sufren tetraplejia.
c) Cuando estos pacientes sufren fractura bilateral de caderas.
d) Cuando estos pacientes tienen luxaciones de ambas rótulas.

18. ¿Qué indicaciones son las más frecuentes de las muletas de aluminio?

a) Esguinces.
b) Enfermos tetrapléjicos.
c) Enfermos parapléjicos.
d) Son ciertas las respuestas b) y c).

19. ¿Cómo se administra el oxígeno en la oxigenoterapia?

a) Solo en estado puro.
b) En mezcla con aire ambiente.
c) A través de inyecciones intravenosas.
d) Mediante administración oral.

20. ¿Qué precaución se debe tomar al administrar oxigenoterapia?

a) Permitir que el paciente fume para reducir su ansiedad.
b) Usar oxígeno puro en todas las situaciones.
c) Evitar la presencia de llamas o fuentes de ignición cerca.
d) Administrar oxígeno sin monitorizar al paciente.

En MADTEST tienes **más preguntas de este tema**, y todos tus avances quedan registrados y se reflejan en el ranking.

¡Supera tus límites con MADTEST!

Solución al test n.º 2

1. d) Sagital.

2. d) En la cavidad abdominal.

3. b) Adducción.

4. c) Jabón y antisépticos.

5. a) 2-3 horas.

6. d) Sus piernas están extendidas y sus brazos alineados a lo largo del cuerpo, estando el paciente acostado sobre su abdomen y pecho.

7. d) La posición de Sims.

8. a) Trendelenburg.

9. d) La posición genupectoral.

10. a) Activa.

11. c) Pasivas.

12. d) Hay una estasis de secreciones, que puede acumularse y favorecer el medio para el crecimiento bacteriano.

13. a) Con una sistemática de cambios posturales frecuentes.

14. a) Colocar el sillón paralelo a la cama y a la altura de los pies.

15. c) Tetrapléjicos.

16. b) Traslado intrahospitalario.

17. a) Cuando estos pacientes sufren hemiplejia derecha que permite la marcha.

18. a) Esguinces.

19. b) En mezcla con aire ambiente.

20. c) Evitar la presencia de llamas o fuentes de ignición cerca.

TEST N.º 3

El trabajo en equipo. El celador como integrante de los equipos de trabajo del Servicio Riojano de Salud

1. Para que pueda denominarse a un número de personas, un grupo, es preciso que concurran una serie de elementos o circunstancias. Señala la respuesta incorrecta:

a) Tener personalidad propia, distinta a la de sus miembros.
b) Perfecta integración de todos sus miembros de modo que estén atemperados los caracteres de los mismos.
c) Decisión voluntaria y consciente por parte de los que lo forman.
d) Consecución de los fines individuales de los integrantes del grupo.

2. La dinámica o funcionamiento de un grupo de trabajo desde el punto de vista subjetivo incluye factores tales como:

a) Determinación del fin a obtener de modo transparente y conocido para todos sus miembros.
b) Decisión por el superior, quien tiene en cuenta las sugerencias de todos los miembros.
c) Capacidad y eficacia en la ejecución del trabajo.
d) Ejecución a través de las funciones de cada miembro.

3. ¿Cómo se denomina al conjunto de personas que desarrolla su labor en un espacio o institución sanitaria, donde cada uno realiza su trabajo, responde individualmente del mismo y no depende directamente del trabajo de sus compañeros?

a) Equipo.
b) Organización.
c) Organigrama.
d) Grupo.

4. Señala cuál de las siguientes características es imprescindible para que exista un equipo de trabajo:

a) Jerarquía.
b) Responsabilidad individual ante el trabajo.

c) Personas relacionadas entre sí.
d) Categorías laborales desiguales.

5. La acción encaminada a impulsar el comportamiento de otras personas en una determinada dirección, que se estime conveniente, se llama:

a) Aprendizaje.
b) Compromiso.
c) Cohesión.
d) Motivación-Incentivación.

6. Para que un equipo pueda ser eficiente debe cumplir algunas características. Señala la respuesta incorrecta:

a) Complementariedad.
b) Coordinación.
c) Cohesión.
d) Alto perfil jerárquico.

7. Indica cuál de los siguientes factores no tiene por qué ser determinante a la hora de constituir un equipo y facilitar la consecución de los objetivos:

a) Número de participantes.
b) Participación y consenso.
c) Cualificación.
d) Autoevaluación.

8. Los equipos más eficaces son aquellos que son capaces de realizar:

a) Un reparto de roles y responsabilidades de manera automática.
b) Una participación desequilibrada pero consensuada.
c) Su propia autocrítica.
d) Objetivos menores con reglas establecidas.

9. Se hace necesario constituir un equipo de trabajo multidisciplinar cuando:

a) El trabajo es tedioso.
b) Las actividades a realizar presentan un nivel alto de complejidad.
c) Las actividades admiten pocas variables.
d) Se trabaja en una sola especialidad profesional.

10. La puesta en marcha de un equipo de trabajo es un proceso complejo que pasa por diferentes etapas. Indica cuál de las siguientes corresponde a la etapa de "acoplamiento":

a) Una vez superados los enfrentamientos personales, el proyecto sale adelante.
b) Suele predominar la disponibilidad y la visión positiva.

c) Afloran diferentes puntos de vista.

d) El equipo entra en una fase muy productiva.

11. ¿En cuál de las siguientes actividades no sería necesario la participación de un equipo multidisciplinar?

a) Unidad de esterilización de instrumental.

b) Equipo de atención primaria.

c) Centro de estancia diurna.

d) Unidad de rehabilitación.

12. En un equipo, el rol funcional de producción cuya característica principal es el dinamismo se llama:

a) Colaborador.

b) Iniciador.

c) Activador.

d) Empatizador.

13. Señala, de las siguientes funciones, cuál no es propia del líder de un equipo:

a) Definir la misión y el papel del grupo.

b) Tomar decisiones sin consenso.

c) Imbuir el espíritu de grupo.

d) Ordenar y controlar los conflictos internos.

14. ¿En qué tipo de equipo no importa la disciplina sino el problema a resolver?

a) Equipo transdisciplinar.

b) Equipo pluridisciplinar.

c) Equipo multidisciplinar.

d) Equipo interdisciplinar.

15. Señala la respuesta incorrecta. La capacidad para dirigir un equipo se pone de relieve en la consecución de los objetivos de:

a) Orientar a los subordinados.

b) Motivar a los subordinados.

c) Guiar a los subordinados.

d) Evaluar a los subordinados.

16. En la organización de los grupos de trabajo:

a) Prima la jerarquía.

b) No existe responsable del grupo.

c) La jerarquía es mediana, pero importante.
d) Todas las categorías laborales funcionan con igualdad.

17. En un equipo de trabajo:

a) Su organización es muy jerárquica.
b) Cada miembro puede tener una manera particular de funcionar.
c) Es necesario que posean todos sus miembros la misma profesión.
d) Es necesaria la coordinación.

18. El celador dentro del Servicio Riojano de Salud (SERIS) se considera:

a) Un profesional que realiza funciones clínicas directas.
b) Un miembro accesorio sin relevancia en el equipo.
c) Un integrante imprescindible en los equipos de trabajo.
d) Un trabajador administrativo con funciones de gestión.

19. ¿Cuál de las siguientes funciones refleja mejor la aportación del celador en el trabajo en equipo del SERIS?

a) Elaborar diagnósticos médicos.
b) Prescribir medicación en urgencias.
c) Tomar decisiones clínicas sobre tratamientos.
d) Colaborar en el traslado de pacientes, documentación y material.

20. Entre los valores que aporta el celador en el SERIS se encuentra:

a) La exclusividad en la toma de decisiones médicas.
b) La independencia del resto del equipo de salud.
c) La gestión administrativa de presupuestos sanitarios.
d) La cohesión del equipo y la mejora de la experiencia del paciente.

En MADTEST tienes **más preguntas de este tema**, y todos tus avances quedan registrados y se reflejan en el ranking.

¡Supera tus límites con MADTEST!

Solución al test n.º 3

1. d) Consecución de los fines individuales de los integrantes del grupo.

2. c) Capacidad y eficacia en la ejecución del trabajo.

3. d) Grupo.

4. c) Personas relacionadas entre sí.

5. d) Motivación-Incentivación.

6. d) Alto perfil jerárquico.

7. c) Cualificación.

8. c) Su propia autocrítica.

9. b) Las actividades a realizar presentan un nivel alto de complejidad.

10. a) Una vez superados los enfrentamientos personales, el proyecto sale adelante.

11. a) Unidad de esterilización de instrumental.

12. c) Activador.

13. b) Tomar decisiones sin consenso.

14. a) Equipo transdisciplinar.

15. d) Evaluar a los subordinados.

16. a) Prima la jerarquía.

17. d) Es necesaria la coordinación.

18. c) Un integrante imprescindible en los equipos de trabajo.

19. d) Colaborar en el traslado de pacientes, documentación y material.

20. d) La cohesión del equipo y la mejora de la experiencia del paciente.

TEST N.º 4

El celador en las unidades de hospitalización: bloque quirúrgico, unidades de cuidados intensivos, urgencias y consultas externas

1. En una habitación de hospital habrá tantas unidades de pacientes como:

a) Pacientes haya en el hospital (incluido consultas externas).
b) Número de camas.
c) Pacientes haya en el hospital dividido por factor de corrección constante.
d) Número de camas multiplicado por factor de corrección constante.

2. ¿Qué útil o herramienta no debe poseer la unidad del paciente tipo?

a) Lencería de cama y accesorios.
b) Lámpara de luz directa.
c) Timbre de alarma.
d) Toma de oxígeno.

3. ¿De qué color deben ser pintados las paredes den una habilitación de un hospital?

a) Negro u oscuro.
b) Marrón claro o amarillo.
c) Blanco mate.
d) Ninguno de los anteriores.

4. Todas las características mínimas que debe reunir la habitación del enfermo que se exponen son ciertas, excepto:

a) Espacio suficiente.
b) Debe recibir luz directa del sol, a ser posible y de fácil ventilación.
c) Temperatura por encima de la media habitual (superior a 30 grados).
d) Tranquila y a poder ser sin ruidos.

5. La altura de los techos mínima (en cm) de la habitación del paciente debe ser:

a) 220 cm.
b) 250 cm.
c) 270 cm.
d) 285 cm.

6. En algunas pruebas diagnósticas que deben realizarse fuera de la UCI, cuando le sea requerido, el celador podrá:

a) Poner el chasis bajo el paciente.
b) Sujetar la sonda para realizar la endoscopia.
c) Sujetar al paciente para evitar daños con sus movimientos.
d) Realizar la toma de muestras.

7. La responsabilidad del movimiento de los enfermos encamados corresponde a:

a) Los facultativos.
b) Los médicos intensivistas.
c) El personal de enfermería ayudados por el celador/a cuando los enfermos encamados requieran un trato especial en razón de sus dolencias para hacerles las camas.
d) La supervisora de la UCI.

8. Es importante que, cuando el/la celador/a abandone la UCI/UVI para algún traslado de personas u objetos:

a) Se coloque un EPI nuevo completo.
b) Cambie el uniforme reglamentario.
c) Se ponga los guantes estériles.
d) Deje la bata dentro de la UCI.

9. Una de las principales funciones de los celadores y celadoras es la vigilancia. Señala cuál de los siguientes elementos no será su responsabilidad:

a) Manejo correcto de las camas articuladas.
b) La entrada y salida de las visitas.
c) El comportamiento de los visitantes dentro de la UCI.
d) La vestimenta de los visitantes dentro de la UCI.

10. ¿Cuál de las siguientes no es función propia de un celador de UCI/UVI?

a) Ayudar a enfermeras y auxiliares al movimiento y traslado de enfermos encamados.
b) Cambiar la cama de la UCI.
c) Controlar la autorización de los visitantes.
d) Vigilar que las visitas vistan correctamente calzas, gorro, bata, etc.

11. Una de las siguientes funciones no corresponde al celador/a en las unidades de urgencias extrahospitalarias:

a) Velar por el funcionamiento del servicio.

b) Podrá derivar urgencias a otros dispositivos sanitarios en situaciones de mucha demanda.

c) Facilitar la hoja de reclamaciones a usuarios que no estén de acuerdo con la atención recibida.

d) No abandonará su puesto cuando esté solo en el servicio por ausencia del equipo sanitario.

12. En un triaje se consideran situación de emergencia, nivel I:

a) Pacientes cuya atención puede demorarse más de 30 minutos.

b) Pacientes a los que se asigna una etiqueta o código rojo.

c) Pacientes en coma.

d) Pacientes a los que se asigna etiqueta o código verde.

13. El nivel 3 de Triaje corresponde:

a) A un nivel muy urgente, con un tiempo para atender al paciente de 15 minutos, al que se le asigna etiqueta naranja.

b) A un nivel muy urgente, con un tiempo para atender al paciente de 30 minutos, al que se le asigna etiqueta amarilla.

c) A un nivel urgente, con un tiempo para atender al paciente de 15 minutos, al que se le asigna etiqueta roja.

d) A un nivel urgente, con un tiempo para atender al paciente de 60 minutos, al que se le asigna etiqueta amarilla.

14. Señala cuál de los siguientes no es una función del celador en la entrada de Urgencias:

a) Recibir a los pacientes que lleguen a la puerta de Urgencias, saliendo a su encuentro y acomodándolos.

b) Cuidar de que el paciente acuda a la zona de boxes o consulta de Urgencias acompañado de sus familiares.

c) Mantener la entrada de Urgencias convenientemente surtida de carros y camillas.

d) Trasladar al paciente a: sala de espera de pacientes, de yesos, de observación de radiología, de consultas externas y servicios diagnósticos.

15. Un paciente que se traslada de un centro a otro, bien sea concertado o privado, realiza un transporte:

a) Rutinario.

b) Primario.

c) Secundario.

d) Emergente.

16. En los/las niños/as las técnicas de RCP se inician con:

a) 30 compresiones.
b) 2 ventilaciones.
c) 5 ventilaciones.
d) 15 compresiones.

17. La realización de la RCP en niños/as debe hacerse con el/la niño/a:

a) En PLS.
b) En decúbito prono sobre una superficie dura.
c) En decúbito supino sobre una superficie dura.
d) En la posición en la que nos encontramos al paciente evitando la movilización.

18. Para mantener abierta la vía aérea en un lactante la posición de la cabeza debe ser:

a) En hiperextensión.
b) En posición neutra.
c) En hipoextensión.
d) Solo se mantendrá abierta con una cánula orofaríngea.

19. Según el estilo Utstein una PC es:

a) El cese de la actividad mecánica cardiaca, confirmado por la ausencia de pulso detectable, inconsciencia y apnea.
b) La ausencia de la respiración con presencia de actividad cardiaca.
c) La ausencia de respuesta por parte del paciente.
d) El acto de intentar lograr la restauración de la circulación espontánea.

20. No es un ritmo desfibrilable:

a) Fibrilación ventricular.
b) Taquicardia ventricular sin pulso.
c) Asistolia.
d) Todos son ritmos desfibrilables.

En MADTEST tienes **más preguntas de este tema**, y todos tus avances quedan registrados y se reflejan en el ranking.

¡Supera tus límites con MADTEST!

Solución al test n.º 4

1. b) Número de camas.

2. b) Lámpara de luz directa.

3. c) Blanco mate.

4. c) Temperatura por encima de la media habitual (superior a 30 grados).

5. b) 250.

6. c) Sujetar al paciente para evitar daños con sus movimientos.

7. c) El personal de enfermería ayudados por el celador/a cuando los enfermos encamados requieran un trato especial en razón de sus dolencias para hacerles las camas.

8. d) Deje la bata dentro de la UCI.

9. a) Manejo correcto de las camas articuladas.

10. b) Cambiar la cama de la UCI.

11. b) Podrá derivar urgencias a otros dispositivos sanitarios en situaciones de mucha demanda.

12. b) Pacientes a los que se asigna una etiqueta o código rojo.

13. d) A un nivel urgente, con un tiempo para atender al paciente de 60 minutos, al que se le asigna etiqueta amarilla.

14. b) Cuidar de que el paciente acuda a la zona de boxes o consulta de Urgencias acompañado de sus familiares.

15. c) Secundario.

16. c) 5 ventilaciones.

17. c) En decúbito supino sobre una superficie dura.

18. b) En posición neutra.

19. a) El cese de la actividad mecánica cardiaca, confirmado por la ausencia de pulso detectable, inconsciencia y apnea.

20. c) Asistolia.

TEST N.º 5

El celador en las unidades de psiquiatría. La actuación del celador en relación con el enfermo mental

1. Entendemos por psiquiatría:

a) Una rama de la medicina.
b) La parte de la medicina que tiene por objeto el estudio y prevención de las enfermedades mentales.
c) Una parte de la medicina que tiene por objeto el diagnóstico y tratamiento de las enfermedades mentales.
d) Todas son ciertas.

2. En las unidades de hospitalización psiquiátrica no se dedican a:

a) Desintoxicación.
b) Evaluación y progreso diagnóstico.
c) Reinserción social.
d) Fracaso de tratamientos ambulatorios.

3. La finalidad de los centros día en salud mental es:

a) La recuperación de habilidades para integrarse en la sociedad.
b) La desintoxicación de drogas de abuso.
c) La integración y terapia familiar.
d) Todas son ciertas.

4. El trastorno depresivo mayor en salud mental se caracteriza por:

a) Preocupación, autocrítica y pensamientos de autodevaluación.
b) La falta de energía, sobre todo en hombres.
c) Está caracterizado por uno o más episodios depresivos mayores.
d) Episodios de delirios, alucinaciones y TCA.

5. El lenguaje demasiado bajo se denomina:

a) Musitación.
b) Coprolalia.
c) Dislalia.
d) Logorrea.

6. La esquizofrenia:

a) Es una psicosis de inicio precoz.
b) Presenta formas de lenguaje peculiares.
c) No se conoce su etiología.
d) Todas son ciertas.

7. Es falso que las demencias:

a) Se caracterizan por el deterioro de la memoria.
b) Es un síndrome adquirido.
c) Se desconoce su etiología.
d) Es más frecuente en mujeres.

8. La enfermedad de Pick es:

a) Una demencia que aparece en personas de mediana edad.
b) Un trastorno compulsivo que aparece en la adolescencia.
c) Una alteración de la memoria secundaria a una alteración vascular.
d) Ninguna es cierta.

9. Entre las funciones del celador en relación con el enfermo mental encontramos:

a) Ayudar al aseo personal de los pacientes que lo precisen.
b) Favorecer el descanso nocturno.
c) Controlar el accedo y la circulación de personas por la unidad.
d) Todas son ciertas.

10. El miedo irracional a los espacios abiertos se denomina:

a) Claustrofobia.
b) Dismorfobia.
c) Agorafobia.
d) Eritrofobia.

11. ¿A qué tipo de modalidad terapéutica, dentro de las restricciones o categorías de contención del enfermo psiquiátrico, pertenece la clase que incluye entre otras acciones el control de estímulos y la vigilancia de la existencia de espacios apropiados?

a) Reducción verbal.
b) Acción farmacológica.
c) Reducción física.
d) Reducción ambiental.

12. Es frecuente que los pacientes sujetos:

a) Se calmen después de un tiempo.
b) Nunca se calmen y deban seguir en esa situación.
c) No representen una amenaza para su integridad física, si no lo estuvieran.
d) Se enajenen definitivamente.

13. ¿Qué situación es incorrecta por parte del personal sanitario que realiza una intervención para reducir a un paciente agresivo?

a) Deberá actuar profesionalmente.
b) Poseerá durante la misma una actitud enérgica pero amable.
c) Se actuará impidiéndole el movimiento.
d) Se golpeará con saña para reducirlo.

14. ¿Qué elemento corporal se debe inmovilizar por cada miembro del personal que actúa en la intervención para reducir a un paciente agresivo?

a) Miembros en zonas proximales, tronco y cabeza.
b) Exclusivamente los miembros en sus zonas proximales.
c) Exclusivamente los miembros en sus zonas distales.
d) Tórax y abdomen, por delante y por detrás.

15. ¿Cómo debe ser mejor y más adecuada la autorización por el médico de una reducción y sujeción de un paciente agresivo?

a) Mediante lenguaje no verbal (para que el paciente no se dé cuenta).
b) Mediante lenguaje verbal.
c) Por escrito.
d) Por teléfono.

16. ¿Se debe registrar la razón de la contención a un paciente agresivo?

a) No es necesario.
b) Siempre y de forma minuciosa, detallando solo el tiempo que esta duró.

c) Siempre y de forma minuciosa, detallando el tiempo que duró y la respuesta del enfermo.

d) Siempre y de forma minuciosa, detallando el tiempo que duró, la respuesta del sujeto y la evolución del tratamiento.

17. Respecto a la sujeción física de estos pacientes es cierto:

a) Que debe llevarse a cabo con cualquier material que lo inmovilice.
b) Que debe hacerse por el personal hasta que este se calme.
c) Que no debe emplearse ningún sistema de sujeción física, sino la palabra del sanitario.
d) Que debe emplearse exclusivamente sistemas homologados de sujeción.

18. Un miembro del equipo de sujeción terapéutica siempre debería estar visible para el paciente con la finalidad de:

a) Amedrentarlo durante la sujeción.
b) Tranquilizarlo durante la sujeción.
c) Que tenga un punto de referencia del entorno.
d) Amenazarlo durante la sujeción.

19. ¿Qué es incorrecto de la sujeción terapéutica?

a) La cabeza del paciente debe estar ligeramente levantada.
b) La sujeción no tiene por qué permitir la administración mediante perfusión endovenosa por el antebrazo, ya que existen otras vías posibles.
c) Debe comprobarse periódicamente las sujeciones.
d) Las muñecas deben de sujetarse a las tiras del segufix[R] o al travesero de la cama.

20. ¿Qué medicación requieren los pacientes violentos aun estando sujetos?

a) Medicación antidepresiva por vía intramuscular.
b) Medicación antipsicótica por vía intramuscular.
c) Medicación antidepresiva por vía intravenosa.
d) Medicación antishock por vía parenteral.

En MADTEST tienes **más preguntas de este tema,** y todos tus avances quedan registrados y se reflejan en el ranking.

¡Supera tus límites con MADTEST!

Solución al test n.º 5

1. d) Todas son ciertas.

2. c) Reinserción social.

3. a) La recuperación de habilidades para integrarse en la sociedad.

4. c) Está caracterizado por uno o más episodios depresivos mayores.

5. a) Musitación.

6. d) Todas son ciertas.

7. c) Se desconoce su etiología.

8. a) Una demencia que aparece en personas de mediana edad.

9. d) Todas son ciertas.

10. c) Agorafobia.

11. d) Reducción ambiental.

12. a) Se calmen después de un tiempo.

13. d) Se golpeará con saña para reducirlo.

14. c) Exclusivamente los miembros en sus zonas distales.

15. c) Por escrito.

16. d) Siempre y de forma minuciosa, detallando el tiempo que duró, la respuesta del sujeto y la evolución del tratamiento.

17. d) Que debe emplearse exclusivamente sistemas homologados de sujeción.

18. b) Tranquilizarlo durante la sujeción.

19. b) La sujeción no tiene por qué permitir la administración mediante perfusión endovenosa por el antebrazo, ya que existen otras vías posibles.

20. b) Medicación antipsicótica por vía intramuscular.

TEST N.º 6

Actuación del celador en relación con los pacientes fallecidos. Actuación en las salas de autopsias y los mortuorios

1. La vestimenta que envuelve al cadáver se denomina:

a) Óbito.
b) Sudario.
c) Pijama.
d) Tanatología.

2. Los restos cadavéricos es lo que queda del cuerpo humano una vez fallecido tras:

a) 5 años.
b) 10 años.
c) 12 meses.
d) 2 años.

3. El rigor mortis aparece en una persona fallecida a las:

a) 12 horas de la muerte.
b) 7 horas de la muerte.
c) 3 horas de la muerte.
d) 24 horas de la muerte.

4. La putrefacción de un cadáver aparece por la acción de:

a) Los virus.
b) Las bacterias.
c) El oxígeno.
d) La muerte.

5. Denominamos tanatoplastia a:

a) Las técnicas de reconstrucción de los cadáveres.
b) Las técnicas de cosmética que permiten mejorar la apariencia externa del cadáver.
c) Las técnicas que consisten en el tratamiento de los muertos.
d) Las técnicas que nos permiten congelar a los muertos.

6. El establecimiento funerario habilitado para la incineración de cadáveres y restos humanos se denomina:

a) Cementerio.
b) Crematorio.
c) Nicho.
d) Panteón.

7. El control sanitario de los cementerios y la sanidad mortuoria corresponde a:

a) Corporaciones Locales.
b) Centros privados.
c) Unidades Estatales.
d) Ministerio responsable de sanidad.

8. La certificación de la muerte es competencia de:

a) Cualquier eslabón del equipo.
b) El facultativo responsable.
c) La enfermera de la unidad.
d) El jefe de la unidad clínica.

9. No es un signo precoz de la muerte:

a) Pérdida de sensibilidad cutánea.
b) Ausencia de latido cardíaco.
c) Ausencia de tono muscular.
d) Livideces.

10. Según el profesor Gisbert Calabuig, ¿cuántas fases de la muerte podemos distinguir?

a) 4 fases.
b) 3 fases.
c) 2 fases.
d) 1 fase.

11. Es una función exclusiva del celador con los pacientes fallecidos:

a) El traslado de los cadáveres al mortuorio.
b) El amortajamiento.
c) El aseo del paciente.
d) Todas son funciones exclusivas del celador.

12. Los ojos y la boca del cadáver:

a) Deben ser cerrados.
b) Deben dejarse como están.
c) Debe permanecer abiertos.
d) Deben sellarse con sutura.

13. Si el paciente va a estar unos días en el depósito de cadáveres se aconseja una temperatura de:

a) 4 ºC.
b) 10 ºC.
c) 0 ºC.
d) 21 ºC.

14. La superficie de las áreas de disección en la actualidad es de:

a) Cerámica.
b) Acero inoxidable.
c) Porcelana.
d) Cualquiera de los anteriores.

15. La intervención que se realiza en un cadáver para examinar sus órganos se denomina:

a) Necropsia.
b) *Exitus*.
c) Embalsamamiento.
d) Tanatopraxia.

16. Un enterótomo es un instrumento que no se utiliza para la disección de:

a) Estómago.
b) Tráquea.
c) Huesos.
d) Intestinos.

17. La mesa de autopsias debe medir:

a) 2,10 por 0,75 m.
b) 2,10 por 0,90 m.
c) 1,90 por 0,75 m.
d) 2,10 por 2,10 m.

18. La autopsia clínica tiene como fin:

a) Determinar las circunstancias de la muerte del fallecido.
b) Realizar un informe para la autoridad judicial.
c) Estudiar las alteraciones morfológicas de órganos y tejidos a causa de la enfermedad.
d) Analizar restos humanos encontrados en extrañas circunstancias.

19. Indique en qué cadáver, según la causa de fallecimiento, podría prohibirse las técnicas de tanatopraxia, tanatoestética y/o tanatoplastia. Personas cuya defunción se deba a:

a) Rabia.
b) Neumonía.
c) Cáncer.
d) Infarto.

20. ¿Cuándo está indicada la autopsia clínica?

a) Muertes ocurridas en las primeras 24 horas tras el ingreso en un hospital.
b) Cadáveres no identificados.
c) Muerte de pacientes por procedimientos clínicos-quirúrgicos.
d) Para elaborar un informe forense.

En MADTEST tienes **más preguntas de este tema**, y todos tus avances quedan registrados y se reflejan en el ranking.

¡Supera tus límites con MADTEST!

Solución al test n.º 6

1. b) Sudario.

2. a) 5 años.

3. c) 3 horas de la muerte.

4. b) Las bacterias.

5. a) Las técnicas de reconstrucción de los cadáveres.

6. b) Crematorio.

7. a) Corporaciones Locales.

8. b) El facultativo responsable.

9. d) Livideces.

10. a) 4 fases.

11. a) El traslado de los cadáveres al mortuorio.

12. a) Deben ser cerrados.

13. a) 4 ºC.

14. b) Acero inoxidable.

15. a) Necropsia.

16. d) Intestinos.

17. a) 2,10 por 0,75 m.

18. c) Estudiar las alteraciones morfológicas de órganos y tejidos a causa de la enfermedad.

19. a) Rabia.

20. a) Muertes ocurridas en las primeras 24 horas tras el ingreso en un hospital.

TEST N.º 7

Los suministros. Suministros internos y externos. Recepción y almacenamiento de mercancías. Organización del almacén. Distribución de pedidos

1. ¿Qué tipo de inventario requiere un recuento sistemático de las existencias durante todo el ejercicio con el fin de determinar el número de veces que se consume y se repone la mercancía a lo largo del año?

a) El inventario tradicional.
b) El inventario cíclico.
c) El inventario rotativo.
d) El inventario periódico o estacional.

2. No es una de las funciones propias de un celador en el Almacén General del Hospital:

a) Dispensar el material que le sea solicitado mediante un vale firmado debidamente por el solicitante.
b) Recepcionar el suministro mediante cotejo del albarán de entrega.
c) Informar al responsable del Almacén de las entradas diarias de material.
d) Vigilar las entradas y salidas del almacén.

3. ¿Qué tipo de clasificación ordena los artículos en clases «A», «B» y «C»?

a) Ley 70-30.
b) La clasificación ADR.
c) El método LIFO.
d) La clasificación de Pareto.

4. ¿Cuál es el primer paso en el proceso de adquisición de los suministros?

a) La planificación de adquisiciones.
b) La petición de material.
c) La previsión de aprovisionamientos.
d) El procedimiento administrativo de contratación.

5. ¿Cuál, seguramente, es la labor más importante de todo el sistema de suminis-tro, ya que el buen o mal funcionamiento de la misma significará o no la disponibi-lidad de un stock físico fiable y de los controles que lo garanticen?

a) La recepción/revisión de mercancías-
b) El reaprovisionamiento.
c) La gestión de stock.
d) El mapa de almacén.

6. ¿Cómo se denomina la actividad de salud pública que tiene por objetivo la identificación, cuantificación, evaluación y prevención de los riesgos del uso de los medicamentos una vez comercializados, permitiendo así el seguimiento de los po-sibles efectos adversos de los medicamentos:

a) Farmacovigilancia.
b) Farmacontrol.
c) Farmacoterapia.
d) Farmacosupervisión.

7. ¿Cómo se denomina la zona de un almacén sanitario donde se llevan a cabo las tareas de comprobación de los paquetes y albaranes?

a) Zona de Entrada de mercancías.
b) Zona de Control de mercancías.
c) Zona de Recepción de mercancías.
d) Zona de almacén propiamente dicho.

8. Los controles de stock se refieren:

a) Al material almacenable.
b) Al material no almacenable.
c) Al material almacenable y no almacenable.
d) Son iguales a los controles que se hacen diariamente de los albaranes.

9. Según Pareto un 20 % de los pedidos va a representar de las existencias un porcentaje del:

a) 30 %.
b) 50 %.
c) 65 %.
d) 80 %.

10. ¿Cuál de estos almacenes encaja como almacén de materiales para el funcio-namiento del Centro Sanitario?

a) Almacén de material clínico fungible.
b) Almacén de papelería.

c) Almacén de lencería.
d) Almacén de farmacia.

11. ¿Qué simbología del código de barras es de las más empleadas a nivel internacional como símbolo de número de artículo?

a) ASCII.
b) EAN.
c) RIN.
d) RAN.

12. Todo lo que se expone sobre los códigos de barras es cierto, excepto:

a) Son sencillamente unas etiquetas con un número determinado de barras negras inscritas en ellas.
b) Cada barra tiene la posibilidad de representar un dígito particular de acuerdo con su posición en el código total.
c) Si el dígito está representado la barra es ancha; si el dígito no está presente la barra es fina.
d) Representan datos en una forma legible a simple vista y nunca por las máquinas.

13. Señale la respuesta incorrecta en cuanto a la clasificación de Pareto:

a) Los artículos del tipo A serían aquellos que más se utilizan.
b) Los de clase B tendrían un consumo intermedio.
c) Los artículos del tipo A serían aquellos que se consumen menos y, como es lógico, tendrían una sustitución o rotación más lenta y se almacenarían en los lugares menos accesibles del almacén.
d) Los artículos del tipo A se guardarán en los lugares más próximos y de fácil acceso.

14. ¿Qué significa FIFO?
a) Five in, five off.
b) Fine in, fine over.
c) First in, first out.
d) Flirt ink, flirt on.

15. Señale cuál de las siguientes no es una fase de la tarea de suministro:

a) Revisión de ofertas.
b) Petición de material.
c) Gestión de stock.
d) Control económico.

16. El objeto último de los almacenes es:

a) Satisfacer las necesidades de los servicios.
b) Mantener los suministros del centro custodiados.
c) La custodia de los pedidos.
d) La distribución de pedidos.

17. La clasificación de Pareto ordena los artículos en clases A, B y C. Los artículos del tipo A son aquellos que:

a) Tendrían un consumo intermedio.
b) Más se utilizan y, por tanto, se guardan en los lugares más próximos y de fácil acceso.
c) Se consumen menos.
d) Son frágiles.

18. El criterio de valoración de mercancías denominado FIFO hace referencia a:

a) Primero en entrar, último en salir.
b) Último en entrar, primero en salir.
c) Primero en entrar, primero en salir.
d) Ninguna es correcta.

19. La actividad que hace referencia al conjunto de tareas cuya finalidad es aprovisionar de materiales al almacén y a los servicios sanitarios, se denomina:

a) Suministro.
b) Almacenaje.
c) Procedimiento administrativo de contratación.
d) Control de gestión.

20. Según la clasificación de Pareto, ¿qué artículos serán los que se consumen menos y, como es lógico, tendrán una sustitución o rotación más lenta y se almacenarán en los lugares menos accesibles del almacén?

a) Los de clase «A».
b) Los de clase «B».
c) Los de clase «C».
d) Tanto los de clase «B» como los de clase «C».

En MADTEST tienes **más preguntas de este tema**, y todos tus avances quedan registrados y se reflejan en el ranking.

¡Supera tus límites con MADTEST!

Solución al test n.º 7

1. c) El inventario rotativo.

2. a) Dispensar el material que le sea solicitado mediante un vale firmado debidamente por el solicitante.

3. d) La clasificación de Pareto.

4. c) La previsión de aprovisionamientos.

5. c) La gestión de stock.

6. a) Farmacovigilancia.

7. c) Zona de Recepción de mercancías.

8. a) Al material almacenable.

9. d) 80 %.

10. b) Almacén de papelería.

11. b) EAN.

12. d) Representan datos en una forma legible a simple vista y nunca por las máquinas.

13. c) Los artículos del tipo A serían aquellos que se consumen menos y, como es lógico, tendrían una sustitución o rotación más lenta y se almacenarían en los lugares menos accesibles del almacén.

14. c) First in, first out.

15. a) Revisión de ofertas.

16. d) La distribución de pedidos.

17. b) Más se utilizan y, por tanto, se guardan en los lugares más próximos y de fácil acceso.

18. c) Primero en entrar, primero en salir.

19. a) Suministro.

20. c) Los de clase «C».

TEST N.º 8

La farmacia. El traslado de documentos y objetos. Normas de actuación en los quirófanos. La esterilización. Normas de higiene. La higiene personal

1. ¿De quién depende el Servicio de Farmacia que existe en la mayoría de los Hospitales?

a) De la Gerencia.
b) De la Dirección Médica.
c) De la Dirección de Gestión y Servicios Generales.
d) De la División de Enfermería.

2. ¿Cómo se denomina a toda materia, cualquiera que sea su origen a la que se atribuye una actividad apropiada para constituir un medicamento?

a) Excipiente.
b) Principio activo.
c) Fórmula magistral.
d) Premezcla.

3. ¿Qué nombre recibe la disposición a que se adaptan los principios activos y excipientes para constituir un medicamento?

a) Forma magistral.
b) Forma excepcional.
c) Forma copérnica.
d) Forma farmacéutica.

4. Señala cuál de las siguientes no es una de las características mínimas que ha de reunir la zona estéril del Área de citostáticos:

a) Ha de contar con una campana de flujo laminar vertical.
b) Debe disponer de una habitación separada con presión positiva.
c) No ha de tener recirculación de aire ni aire acondicionado ambiental.
d) Debe contar con un área o zona aislada físicamente del resto del servicio en la que no se realicen otras operaciones.

5. ¿Cómo se llama la solución que se utiliza para destruir microorganismos en un tejido vivo?

a) Desinfectante.
b) Esterilizador.
c) Aséptico.
d) Antiséptico.

6. El material esterilizado que se vaya a almacenar en las plantas del hospital debe ser utilizado:

a) En tres meses.
b) En seis meses.
c) En 24-48 horas.
d) En doce meses.

7. Si el centro hospitalario recomienda encarecidamente que se extremen las normas generales de asepsia, pide mayor práctica en:

a) El uso de mascarillas de alta resolución.
b) El lavado de manos.
c) La vacunación normativa.
d) La revisión a través del Servicio de Medicina Preventiva.

8. ¿En qué grupo de cirugía incluirías aquella que pretende corregir deformidades, como por ejemplo una escoliosis verdadera?

a) Diagnóstica.
b) Curativa.
c) Reconstructiva.
d) Estética.

9. Una intervención de tipo paliativo es aquella:

a) Que fortalece las zonas debilitadas, o pretende volver a unir zonas anatómicas que se encuentran separadas o tiene por objeto corregir deformidades.
b) Que alivia los síntomas de un determinado proceso, sin curar la enfermedad.
c) Que se utiliza para determinar la causa de los síntomas.
d) Que busca mejorar el aspecto físico.

10. ¿Qué etapa de tiempo abarca en los cuidados quirúrgicos, aquel que va desde el momento en que el paciente acepta someterse al tratamiento quirúrgico que se le ha prescrito, hasta su traslado al quirófano donde será intervenido?

a) Fase propiamente quirúrgica.
b) Fase preoperatoria.

c) Fase transoperatoria.
d) Fase posoperatoria.

11. El antequirófano pertenece a la zona quirúrgica:

a) Sin limitación de acceso.
b) Semilimitada.
c) Limitada.
d) Prohibida.

12. ¿Qué tipo de agentes utiliza más frecuentemente la asepsia para conseguir matar y eliminar los microorganismos?

a) Agentes mecánicos.
b) Agentes físicos.
c) Agentes biológicos.
d) Agentes químicos.

13. ¿Cuándo dirías qué existe enfermedad infecciosa?

a) Cuando se produce la invasión y entrada en el organismo humano de agentes extraños vivos.
b) Cuando el agente infeccioso crece y prolifera invadiendo tejidos y células del organismo.
c) Cuando el agente infeccioso coloniza un órgano, aparato o/y la globalidad de nuestra corporalidad.
d) Cuando aparecen signos y síntomas como consecuencia de la infección.

14. ¿Cómo se denomina la desinfección que se realiza cuando se ha producido el alta del paciente y las circunstancias lo indican?

a) Desinfección definitiva.
b) Desinfección final.
c) Desinfección concurrente.
d) Desinfección altísima.

15. ¿Cómo se denomina la técnica de desinfección que consiste en sumergir en agua a la temperatura de ebullición el material que se quiere desinfectar?

a) Hervido.
b) Pasteurización.
c) Uperización.
d) Técnica UHT.

16. ¿Qué tiempo requiere el glutaraldehído al 2 % para que lleve a cabo una desinfección por inmersión del material objeto de dicho procedimiento?

a) 1 h.
b) 10 h.
c) 20 minutos.
d) 30 segundos.

17. ¿A qué presión irá el autoclave (en atmósferas) como medio de esterilización de material si se utiliza a 120 ºC?

a) 1 atmósfera.
b) 2 atmósferas.
c) 3 atmósferas.
d) 4 atmósferas.

18. ¿Cuál de las siguientes ventajas e inconvenientes del autoclave es falsa?

a) Es un medio de esterilizar barato, sencillo, rápido y eficaz.
b) Es aplicable a una gran gama de materiales.
c) Las altas temperaturas de la técnica desestructura el material.
d) Son correctas todas las respuestas anteriores.

19. ¿Qué material de estos no puede esterilizarse en autoclave?

a) Guantes de goma.
b) Bateas metálicas.
c) Ropa.
d) Envase de medios de cultivo.

20. ¿En cuál de estas técnicas de esterilización no son utilizados los métodos químicos?

a) En óxido de etileno.
b) En glutaraldehído.
c) En formol.
d) En el flameado.

En MADTEST tienes **más preguntas de este tema**, y todos tus avances quedan registrados y se reflejan en el ranking.

¡Supera tus límites con MADTEST!

Solución al test n.º 8

1. b) De la Dirección Médica.

2. b) Principio activo.

3. d) Forma farmacéutica.

4. b) Debe disponer de una habitación separada con presión positiva.

5. d) Antiséptico.

6. c) En 24-48 horas.

7. b) El lavado de manos.

8. c) Reconstructiva.

9. b) Que alivia los síntomas de un determinado proceso, sin curar la enfermedad.

10. b) Fase preoperatoria.

11. c) Limitada.

12. b) Agentes físicos.

13. d) Cuando aparecen signos y síntomas como consecuencia de la infección.

14. b) Desinfección final.

15. a) Hervido.

16. c) 20 minutos.

17. a) 1 atmósfera.

18. d) Son correctas todas las respuestas anteriores.

19. a) Guantes de goma.

20. d) En el flameado.

TEST N.º 9

La prevención y los riesgos laborales en las instituciones sanitarias. Plan de catástrofes. La prevención de incendios

1. ¿Qué consideras falso respecto de la aireación natural en un local de trabajo?

a) Tiene el inconveniente de que dicho local está sometido a cambios bruscos de temperatura.
b) Con ella no se garantiza una temperatura más o menos constante a lo largo de todo el año.
c) En los casos de ambientes contaminados, nunca contribuyen a extender la contaminación.
d) Genera corrientes.

2. ¿Qué método se emplea para eliminar o paliar los olores desagradables en el ambiente de trabajo, especialmente en algunos tipos de industrias?

a) Aireación.
b) Absorción de los mismos por carbón activo.
c) Filtración laminar.
d) Aireación y absorción de los mismos por carbón activo.

3. ¿A qué se define, del sonido, como la sensación auditiva que va asociada a la frecuencia de los sonidos y se refiere a la altura del ruido?

a) A la potencia.
b) Al tono.
c) A la intensidad.
d) Al timbre.

4. ¿Qué parámetro del sonido se mide en caso de sospecha de contaminación acústica?

a) Potencia.
b) Tono.
c) Intensidad.
d) Timbre.

5. ¿Qué radiaciones electromagnéticas de estas consideras ionizante?

a) Radiaciones Y e infrarroja.
b) Radiaciones X y gamma.
c) Radiaciones alfa y beta.
d) Radiaciones alfa e infrarroja.

6. ¿Qué lesiones son las más frecuentes producidas en el aparato reproductor de los adultos por efecto de las radiaciones ionizantes?

a) Alteraciones de la fertilidad (superfertilidad).
b) Alteraciones somáticas en caso de embarazo, por afectación de las células germinales de los cónyuges.
c) Alteraciones de las defensas orgánicas.
d) Alteraciones de la fertilidad (infertilidad o esterilidad) y alteraciones genéticas en caso de embarazo (por afectación de las células germinales de los cónyuges).

7. ¿Qué medida universal de estas respecto a los riesgos relacionados con la exposición a agentes biológicos durante el trabajo en ambientes hospitalarios es del tipo inmunización activa?

a) Suero frente a hepatitis B.
b) Vacunación frente a hepatitis B.
c) Quimioprofilaxis antivírica.
d) Todo lo anterior es cierto.

8. ¿Qué procedimiento es aquel que comprende la destrucción de todos los gérmenes, incluidas esporas bacterianas, que pueda contener un material?

a) Desinfestación.
b) Esterilización.
c) Antisepción.
d) Desinfección.

9. ¿Cuál es el método de elección mediante esterilización, por ser el más fiable, eficaz y de fácil empleo?

a) Esterilización por calor seco a baja presión.
b) Esterilización por calor húmedo a alta presión.
c) Esterilización por calor húmedo a baja presión.
d) Esterilización por calor seco a alta presión.

10. La esterilización por calor húmedo bajo presión es mediante:

a) Autoclave.
b) Poupinel.
c) Incineración.
d) Flameado.

11. Aunque pueden formar más de un equipo cuando las circunstancias de amplitud del establecimiento lo requieran (tiempos de intervención demasiado dilatados, etc.), la composición mínima del Equipo de Segunda Intervención debe ser de:

a) Dos personas.
b) Tres personas.
c) Nunca inferior a cinco personas.
d) Al menos seis personas.

12. ¿Mediante qué marcado el fabricante indica que el producto es conforme a todos los requisitos aplicables establecidos en la legislación comunitaria y armonización que prevé su colocación?

a) Marcado UE.
b) Marcado CEE.
c) Marcado EEE.
d) Marcado CE.

13. ¿Ante qué tipo de señal nos encontraremos si tiene forma redonda, con un pictograma negro sobre fondo blanco, bordes y banda rojos?

a) Ante una señal de prohibición.
b) Ante una señal de socorro o salvamento.
c) Ante una señal de advertencia.
d) Ante una señal de obligación.

14. ¿Qué vigencia tendrán los Planes de Autoprotección?

a) Máximo diez años.
b) Cinco años máximo.
c) Tres años.
d) Indeterminada.

15. ¿A quién le corresponde designar en el Plan de Autoprotección a la persona responsable de la gestión de las actuaciones encaminadas a la prevención y el control de riesgos?

a) Al titular de la actividad.
b) A un técnico en la materia.
c) A las autoridades competentes de Protección Civil.
d) A la Administración Pública competente para otorgar la licencia o permiso determinante para la explotación o inicio de la actividad.

16. ¿Cuál es el método para el traslado de los enfermos más rápido, ya que no requiere excesivo esfuerzo y es fácil de aplicar?

a) Por arrastre con silla.
b) Por arrastre directo.
c) Por arrastre por colchón.
d) Por levantamiento.

17. ¿Cuál es el documento que establece el marco orgánico y funcional previsto para un centro, establecimiento, espacio, instalación o dependencia, con el objeto de prevenir y controlar los riesgos sobre las personas y los bienes y dar respuesta adecuada a las posibles situaciones de emergencia, en la zona bajo responsabilidad del titular de la actividad, garantizando la integración de estas actuaciones con el sistema público de protección civil?

a) Plan Específico de Emergencias.
b) Manual de Emergencia.
c) Plan de Autoprotección.
d) Plan de Emergencia.

18. Las señales relativas a los equipos de lucha contra incendios (manguera para incendios, extintor, etc.) tendrán:

a) Forma triangular, con pictograma negro sobre fondo amarillo, bordes negros.
b) Forma redonda, con pictograma negro sobre fondo blanco, bordes y banda rojos.
c) Forma redonda, con pictograma blanco sobre fondo azul.
d) Forma rectangular o cuadrada, con pictograma blanco sobre fondo rojo.

19. ¿Qué método de traslado de enfermos es rápido y bastante confortable para los pacientes pero no se puede utilizar, generalmente, para la evacuación vertical?

a) Por arrastre directo.
b) Por arrastre por colchón.
c) Por levantamiento.
d) Por arrastre con silla.

20. ¿Qué caracteriza a los Equipos de Primera Intervención?

a) Representan la máxima capacidad extintora del establecimiento.

b) Su ámbito de actuación será cualquier punto del establecimiento donde se pueda producir una emergencia de incendio.

c) La actuación de los miembros de este equipo será siempre por parejas.

d) Deben conocer exhaustivamente el plan de emergencia.

En MADTEST tienes **más preguntas de este tema**, y todos tus avances quedan registrados y se reflejan en el ranking.

¡Supera tus límites con MADTEST!

Solución al test n.º 9

1. c) En los casos de ambientes contaminados, nunca contribuyen a extender la contaminación.

2. d) Aireación y absorción de los mismos por carbón activo.

3. b) Al tono.

4. c) Intensidad.

5. b) Radiaciones X y gamma.

6. d) Alteraciones de la fertilidad (infertilidad o esterilidad) y alteraciones genéticas en caso de embarazo (por afectación de las células germinales de los cónyuges).

7. b) Vacunación frente a hepatitis B.

8. b) Esterilización.

9. c) Esterilización por calor húmedo a baja presión.

10. a) Autoclave.

11. b) Tres personas.

12. d) Marcado CE.

13. a) Ante una señal de prohibición.

14. d) Indeterminada.

15. a) Al titular de la actividad.

16. d) Por levantamiento.

17. c) Plan de Autoprotección.

18. d) Forma rectangular o cuadrada, con pictograma blanco sobre fondo rojo.

19. d) Por arrastre con silla.

20. c) La actuación de los miembros de este equipo será siempre por parejas.

TEST N.º 10

Habilidades sociales y de comunicación. El ciudadano como centro del sistema sanitario. La comunicación como herramienta de trabajo

1. El concepto de servicio para el público está relacionado con una serie de factores; señala cuál de los siguientes no es un factor relacionado:

a) Los elementos tangibles que tienen que ver con la apariencia de las instalaciones y el equipo.
b) El cumplimiento del desarrollo de servicio, de forma correcta y oportuna.
c) Un buen equilibrio emocional.
d) La competencia de los profesionales.

2. ¿Cómo definirías el término intencionalidad tan necesario en la relación interpersonal?

a) Es la idea inicial a partir de la cual se analizará y evaluará la situación, para emitir un juicio sobre lo que nos afecta y así plantear conductas y organizar acciones de acuerdo con la información que se posee.
b) Es la determinación de la voluntad en orden a conseguir un fin u objetivo.
c) Es el hacer consciente que se expresa en objetivos.
d) Es el estado afectivo del ánimo que se produce por causas que lo impresionan vivamente y según el cual se tomarán las decisiones.

3. Ante un usuario agresivo la mejor actitud será:

a) Dar información precisa y correcta sin dejar que se exprese.
b) Intentar calmarlo, escuchar y transmitir compresión.
c) Preocuparse por él, pero no decidir por él.
d) Dar argumentos aclaratorios y tomar la decisión por él.

4. Señala cuál no debe ser una actuación de el/la celador/a frente al profesional:

a) Actuar con naturalidad.
b) Mantener al usuario en suspense.
c) Ser sincero.
d) Emplear el nombre y apellido del usuario.

5. Señala cuál de las siguientes no es una función de la comunicación:

a) Es el medio por el cual se transmite un mensaje.
b) Proporciona la información que los individuos y grupos necesitan para tomar decisiones y evaluar opiniones alternativas.
c) Fomenta la motivación entre las personas.
d) Permite la integración social.

6. Señala cuál de las siguientes es la definición correcta de comunicación aportada por la UNESCO:

a) Proceso mediante el cual se transmite información, sentimientos, pensamientos, y/o cualquier otra cosa que pueda ser transmitida.
b) Proceso en el que intervienen dos elementos: emisor y receptor.
c) Proceso de interacción social, a través de un intercambio equilibrado de información y experiencia entre un emisor y un receptor.
d) Transmisión de señales mediante un código común entre el emisor y receptor.

7. En función del medio o canal la comunicación se clasifica en:

a) Oral, escrita y auditiva.
b) Oral y audiovisual.
c) Oral, por gesto, escrita y por símbolos.
d) Oral, escrita y gestos.

8. Son técnicas activas de comunicación:

a) La escucha activa.
b) Los gestos.
c) La sonrisa.
d) Comunicación impersonal.

9. Señala el enunciado correcto en relación con el feedback de la comunicación:

a) La retroalimentación indica cómo se ha establecido el mensaje entre ambas partes y se comprende lo que se quiere transmitir.
b) A través del *feedback* la fuente puede comprobar en qué grado el mensaje se ha descodificado por el receptor.
c) Cuando se establece comunicación entre emisor y receptor se habla de *feedback*.
d) Todas son correctas.

10. Un ruido es:

a) Una injerencia que tiene el emisor.
b) Una injerencia que tiene el receptor.

c) Una interferencia que tiene el mensaje para llegar a su destino.
d) Un elemento de comunicación.

11. ¿Qué tipo de comunicación emplea el/la celador/a cuando emite el mensaje y una vez que es recibido por el receptor, este ejecuta una tarea?

a) Comunicación transversal.
b) Comunicación vertical.
c) Comunicación participativa.
d) Comunicación unidireccional.

12. Según el canal de comunicación, está no puede ser:

a) Unidireccional.
b) Bidireccional.
c) Interna y externa.
d) Multidireccional.

13. En toda actitud hay una serie de componentes; señala de los siguientes cuál no se relaciona con la la actitud:

a) El cognoscitivo.
b) El afectivo.
c) El educativo.
d) El conductual.

14. ¿Qué aspecto es propio de la escucha activa?

a) No estar en silencio.
b) Atender y demostrarle que se ha entendido y comprendido lo que el enfermo o familiar ha dicho a través de alguna afirmación.
c) Interrumpir a la otra persona para preguntarle sobre lo que nos habla.
d) Responder siempre a lo manifestado por el paciente.

15. La empatía:

a) Es un elemento fundamental en la relación con los celadores.
b) Es ponerse en el lugar del usuario.
c) Es compartir los sentimientos y la realidad del otro.
d) Todas son correctas.

16. La capacidad de expresarse como uno es, de manera clara, libre y sencilla, comunicándose en el momento justo y con la persona indicada se denomina:

a) Escucha activa.
b) Empatía.

c) Sumisión.
d) Asertividad.

17. La información que puede proporcionar el/la celador/a a los familiares acerca del servicio en que se encuentran los pacientes, se refiere a:

a) Datos asistenciales.
b) Datos de tratamiento.
c) Datos de diagnóstico.
d) Ninguna es correcta.

18. Al individuo que habla, gesticula, escribe, pinta, etc., en la comunicación, se le denomina:

a) Mensajero.
b) Fuente.
c) Receptor.
d) Destino.

19. ¿Qué barrera del lenguaje se da por discapacidad física?

a) Neurosis.
b) Alteraciones de la memoria.
c) Ceguera.
d) Psicosis.

20. ¿Qué término se aplica cuando en una relación interpersonal no se consigue lo que se esperaba?

a) Enojo.
b) Frustración.
c) Agresividad.
d) Deserción.

En MADTEST tienes **más preguntas de este tema**, y todos tus avances quedan registrados y se reflejan en el ranking.

¡Supera tus límites con MADTEST!

Solución al test n.º 10

1. c) Un buen equilibrio emocional.

2. b) Es la determinación de la voluntad en orden a conseguir un fin u objetivo.

3. b) Intentar calmarlo, escuchándole, y transmitir compresión.

4. b) Mantener al usuario en suspense.

5. a) Es el medio por el cual se transmite un mensaje.

6. c) Proceso de interacción social, a través de un intercambio equilibrado de información y experiencia entre un emisor y un receptor.

7. c) Oral, por gesto, escrita y por símbolos.

8. a) La escucha activa.

9. d) Todas son correctas.

10. c) Interferencia que tiene el mensaje para llegar a su destino.

11. b) Comunicación vertical.

12. c) Interna y externa.

13. c) Educativo.

14. b) Atender y demostrarle que se ha entendido y comprendido lo que el enfermo o familiar ha dicho a través de alguna afirmación.

15. d) Todas son correctas.

16. d) Asertividad.

17. d) Ninguna es correcta.

18. b) Fuente.

19. c) Ceguera.

20. b) Frustración.

Cómo acceder al Curso

Celador/a
Test del temario

El uso de los códigos **es exclusivo de los compradores de los productos de Editorial MAD**. Cada producto posee un código único y de un solo uso. Es personal e intransferible y da acceso a servicios y contenidos adicionales. Editorial MAD se reserva el derecho de hacer cuantas comprobaciones sean necesarias para identificar al legítimo poseedor del código y dejar de dar servicio a quien haga uso fraudulento del mismo, además de emprender cuantas acciones legales estime oportunas según la legislación vigente.

Deberás acceder a:

mad.es/registro-campus

Si una vez aceptadas las condiciones de uso del Campus decides hacer uso del mismo, necesitarás del siguiente código de acceso junto con los códigos del resto de títulos que se exigen (si fuera el caso):

DC68LRKSWM